動漫社會學

台漫不死

王佩迪——主編

漫畫家　編輯

主編序　004

米奇鰻——世界上很多人都是走這種奇怪的路線，所以你也不用怕奇怪。　016

張季雅——職人漫畫有一個困難點：你必須了解那個職業……才能將技術層面展現在漫畫裡面。　038

葉明軒——法術就是漫畫，李白他要成為大仙術士，其實就是成為大漫畫家。　056

韋宗成——畫風可以學、畫技可以練，但漫畫的商業性不是學別人的東西學得很像就好，而是玩出自己的特色。　070

彭　傑——你讓一天變成四十八小時是不切實際的，速度變快兩倍就好了。　088

蠢羊（羊寧欣）、花栗鼠——做議題如果只是在圈子裡面、或是職業裡面打轉，是沒有辦法造成任何影響力的。　106

黃健和——基本上台灣的創作者擺在國際舞臺上是沒有問題的，只是你如何面對走向，接下來就是數字可不可以穩定。　130

陳正益——而台灣則是除了出版社以外，很少人把資金和資源往（漫畫）產業投。　148

多樣化經營模式

陳家翊（Maka）、陳致安——一個成功的模式是要剛好天時、地利、人和，以及跟市場性的結合。 170
李亞倫——雖然漫畫家與編輯幾乎是截然不同的人種，但卻處於一種共生的狀態。 194
楊季叡——希望能藉由網路連載、實體出版相輔相成，為台灣的原創漫畫產業開闢出一條新的道路。 206
蘇微希——要先確定願意投入這個產業的創作者與相關人員，是否能夠有基本的收入養活自己，才能進一步考慮穩定提升創作能量。 228
韓京岳——編輯能夠提供作者的是「不只要畫出一個好看的作品，還要畫出一個能賣的作品」。 244
黃宏榮——專業的責任編輯第一個須要具備的能力是社會化。 262
《CCC創作集》
編輯部——我們覺得用故事來行銷（知識內容）是一個好方法，用講故事的方式，讓大家自然對它感到興趣。 286
黃廷玉——我覺得台灣原創會越來越好。 312
專論：台灣漫畫的興盛與衰微 332
作品索引 348

主編序

文／王佩廸

在台灣，當人們聽到漫畫兩個字時，十之八九都會直覺想到日本的漫畫，剩下的或許會提及美漫或歐美圖像小說，那麼，台漫呢？

台灣原創漫畫，簡稱台漫，此書所給的定義是：由台灣人所創作的漫畫作品。它可能是透過台灣的出版社發行、網路平台連載、自己印製寄賣或在同人場販售、或是透過跨國甚至國外網路平台曝光的作品，只要是台灣人自己原創的漫畫，我們都稱之為台漫。然而，就算我們將定義推得如此廣泛，實際上，台灣讀者所熟知的台漫作品或作者，卻仍屈指可數，更不用提這些作品在台灣的漫畫市場銷售之景況如何了。

動漫社會學系列的前兩本作品《別說得好像還有救》以及《本本的誕生》，分別討論動漫粉絲的多樣閱讀性癖喜好，以及同人誌的發展與創作類別。這兩個主題也的確都與日本動漫文化緊密相關。然而，就算受日本動漫影響如此深遠，我們仍然會去關注台灣漫畫閱讀群眾的文化實踐，進而發展出創作的可能性。因此，動漫社會學系列的第三本以台漫作為主題、希望去了解台灣漫畫的現況，這主題的選擇可說是必要也是必然的決定。

在籌劃此書內容並約訪漫畫相關人士的期間內，我也在去年（2017）九月獲邀擔任金漫獎的評審。金漫獎去年已是第八屆，由行政院文化部主辦，是國家級的漫畫大獎，是二〇一二年延續新聞局劇情漫畫獎而成立的。比起往年，去年投件量暴增，除了開始增收網路平台的連載作品之外，各類別的投件也都非常踴躍，其內容與品質也讓人相當驚艷，包括近年來因應手機媒介而出現的條漫，也有許多充滿想像與創意的作品。

然而，礙於金漫獎的獎項類別和入圍名額有限，沒辦法具體呈現出近年來台灣漫畫創作的成長，甚為可惜。更遺憾的是，金漫獎受台灣群眾的關注非常地少，就算是在討論漫畫作品的網路上（例如批踢踢論壇的 C-Chat 板或 Native 板），幾乎沒有人在討論台灣漫畫（只有一兩篇，而且還非常少人在回應）。而根據觀察得知，台灣有許多大量閱讀日本漫畫的讀者，但就是不愛看台漫，甚至對台漫有著很深的抗拒。

究竟，為何台漫在台灣群眾眼中會如此沒有行情呢？以消費者的立場來看，或許就是認為台漫比日漫差，沒有吸引力。而台漫之所以會給人這樣的印象，並非台灣沒有優秀的漫畫創作人才，而是跟台灣漫畫產業難以完整形成並永續維持有關，包括讓優秀的人才願意繼續做下去、並維持一定的品質。而造成台漫處境艱難的原因，我們可以從台灣漫畫過去興盛與衰微的演變來做很多的討論（請參見書末的專論）。時至今日，台灣讀者們所熟悉的漫畫，幾乎是漫畫強國日本的作品，無論是粉絲、評論者或研究者，也都多聚焦於日本動漫文化在台灣流行的影響（《動漫社會學》系列的前兩本亦是如此）。

不過，台灣漫畫並非完全令人感到陌生。隨著智慧型手機的普及，許多人會開始閱讀條漫，而其中就有許多台灣作者的作品；臉書也有不少圖文作家的粉絲專頁留言回應絡繹不絕；更不用提，每個月至少都會有一兩場的同人販售會，在商業市場不景氣之際，同人販售會提供了一個可以讓漫畫家發揮的場域。（關於同人創作，請參閱《動漫社會學：本本的誕生》）。

近年來，中國、韓國政府積極地以政策推動發展動漫相關等內容產業，「軟實力（Soft Power）[註1]」成為各國競相爭取以展現國力的機會，台灣政府起步已落後這些國家，但至少也開始著手於動漫相關產業的發展，積極投入各項建設，包括台北漫畫基地、台中漫畫博物館的籌建，以及漫畫史料保存典藏計畫；文化部金漫獎則獎勵了許多致力於原創的台灣漫畫家，同時也積極輔導漫畫出版與其他產業的合作機會，例如《CCC創作集》的成果。

然而，也有人會擔憂政府的大作為是否是在正確的方向上？是否具有前瞻性？是否這些經費用完了之後，台灣漫畫卻仍然難以成為一個能永續經營的產業？究竟，台灣漫畫的未來該何去何從？這是所有相關人員都在思考的終極問題。

《台漫不死》的出發點也是基於同樣問題意識。雖然我們未必有辦法直接提供解答，但仍試圖著眼於當前漫畫出版的制度面以及創作相關人員之間的關係性，以結構面的觀察，整理出目前漫畫產業的困境，並希望能夠透過這些觀察，幫助大家一起思考台漫未來的可能性。

此書的架構是以台灣漫畫相關從業人員的訪談為主，分為漫畫家、編輯，以及多樣化經營模式三大部分。我們邀訪各家漫畫出版社編輯、漫畫家與相關從業人員，雖然在有限的人事資源和時間安排之下，沒有辦法邀請到所有漫畫出版社或所有正在活躍的漫畫家，難免有遺珠之憾，但我們仍希望能盡量做到全面。

此外，此書的章節多以對談方式呈現，目的是希望能忠實地呈現受訪者的觀點，讓讀者能輕易地切入受訪者的立場，來了解具體產業運作的面貌。當然，不同立場可能會有很大的差異，出版社經營者、編輯和漫畫家看待作品和市場的角度很可能完全不同。我們以社會學的角度來觀察台漫的困境，並不會是針對個別立場或個人的問題，而是關注整個結構面的關係，包括歷史文化背景、科技與消費模式的轉變、以及產業生產模式與制度的問題等等。

透過這些訪談與觀察，台漫當前的困境或許可從以下幾點來討論：

難以建立獲利模式

長期以來，台灣原創部門都是漫畫出版社當中最無利潤可言的部門。與代理日本漫畫相比，經營台漫必須多加上一筆付給漫畫家的稿費成本，銷售量卻是相對少得可憐。對漫畫家而言，稿費則是相當微薄，甚至難以僅靠稿費維生。日本知名漫畫家真正的收入其實是靠版稅和各種授權費，然而，台灣漫畫家在單行本銷售量難以突破幾千本的情況下，怎樣都沒辦法有足夠穩定的版稅收入。於是漫畫家必須到處兼職、接案，甚至有人是另有專職，漫畫只能是工作之餘爆肝去完成。漫畫家沒有足夠的錢，當然更不用提助手制度了，沒有助手，漫畫家的創作無法提升效率，作品連載速度慢，品質也很可能受到限制，於是難以吸引更多讀者，形成惡性循環。

前陣子我在一個聚集許多漫畫相關人員的場合中，與一名資深漫畫家短暫地交談，談到台灣漫畫的情況，漫畫家苦笑：「當漫畫家就是要有心理準備，漫畫創作是要用熱情和一顆新鮮的肝去燃燒啊！」說來無奈，但我們在訪談過程中卻也看到了一些轉機。我們發現，近年來許多出版社已經開始朝各種異業合作或授權的模式去尋找更多舞台空間，透過這些合作，可以為出版社帶來更多利潤。雖然目前還未看到有真正成功且可以複製的模式，但它仍可能成為漫畫在紙本出版衰微之後的一個重要方向！

人才培育的困境

漫畫家、助手、編輯，是漫畫生產當中很重要的三個角色。然而，這三個角色在台灣都有著人才培育的困難。目前台灣很多漫畫家都是靠自學、自己找機會進修、相關科系畢業等途徑才踏進漫畫界，只有少數是拜師學藝出身的。漫畫家的師徒制在台灣並不如過去盛行，這跟助手制不健全也有很大程度的關係。漫畫家一來養不起助手，二來使用助手的模式並沒有制度化，因此漫畫家可能會覺得助手難用，助手也未必有辦法跟漫畫家學到技術。不過，在我們訪談中可以看到，有不少為了克服這樣的問題而進行的不同嘗試：有公司試圖重建明確的師徒制，出版社主動培育助手並建立制度，以減輕漫畫家的負擔。

此外，歸屬於出版社體制內的編輯，也有流動率高的問題，使得編輯前輩難以將自身累積的經驗好好地傳承到新人身上，並且延續下去。現在的漫畫編輯所需要扮演的角色也越來越複雜，除了要考慮市場、作為漫畫家的意見提供者之外，還包括要發掘人才（舉辦漫畫獎以及之後的培訓）、經營ＩＰ（商談國內外異業合作的案子），甚至也有編輯要管理網路平台或經營粉絲專頁，說來也是相當辛苦。

商業出版與同人創作之間的共生與矛盾

台灣漫畫在一九八〇年代到一九九〇年代之間曾經有過一段興盛時期，而受到日本同人文化的影響，台灣也差不多在那時開始有所謂的同人創作與販售交流活動的出現。而當台漫的商業出版（事實上是整體紙本出版）在二〇〇〇年前後開始明顯下滑之後，喜歡創作漫畫的人們透過同人誌販售會得以持續地創作下去。

直到近年來，同人誌販售會成為每年寒暑假，甚至每個月份都會舉辦的盛事。在同人場可以發現有許多才華洋溢的作者，其中二創作品居多，原創屬於少數，但無論是二創還是原創，喜歡畫漫畫的人從來沒有消失過。實際上，有很多人在同人販售會當中可以取得相當不錯的收益，甚至有些僅靠同人誌或周邊的販售就可以維持生計。我們也不只一位受訪者表示，在同人場賺錢，比起進入商業出版賺錢要來得容易多了。

由此可知，相較於獲利機會頗大的同人誌販售，商業出版的漫畫家很可能是既辛苦卻賺得更少的。然而仍然有些漫畫家選擇商業出道，或許就是因為商業出版所面對的市場更加大眾化，可以將想說的故事或理念傳達給更廣泛的讀者。此外，同人二創和商業原創兩者還有一個很大的差別：比起二創，原創更能考驗出創作者是否具有故事創作的能力，更加具有挑戰性。

在沒有商業市場的考量下，同人作家或許有更多自由發揮想像的空間，在獲利方面又比商業出版更加樂觀，以至於到了今日，在同人場上經營成功的同人創作者，對台灣商業漫畫出版多少有些卻步，不願意貿然進入，也包括對於商業出版社對作者的待遇有些不滿。但不可否認的是，目前台灣新生代漫畫家有許多還是從同人販售會出道的，透過同人創作來持續磨練著創作能力。因此，同人與商業漫畫之間的關係可說是一種共生，但也同時充滿著矛盾。

國際化與多樣化經營所面臨的困難

面對台灣漫畫市場的侷限，出版社與創作者都希望自己的作品可以跨越國界，讓更多人知道。為了擴展市場，以國際化為目標，有些公司是直接打進日本的漫畫產業；有些情況是出版社藉由國際漫畫節的展示機會，取得其他國家代理商的青睞；也有些公司是與中國的企業合作或授權刊載，希望至少可以帶來更多讀者並且取得更多國內外異業合作的機會，例如：電影、電視劇、遊戲等等的改編機會。

除了面向世界的舞台之外，多角化經營也是許多漫畫出版社或漫畫家會去思考的模式。編輯和漫畫家在構思下一部作品時，除了要畫自己想表達的故事之外，還會考慮未來跨界合作的可能性，例如這個作品能否成為一個ＩＰ？角色是否可以賣？主題與哪些產業可以進行合作等等的可能。

然而，國際化面臨的困難是，台灣漫畫要如何吸引世界讀者的矚目？有人認為本土化就是國際化，不過也有人認為太執著於本土，會侷限作品往外拓展的可能性。而拓展台漫市場的一個重要戰場，很明顯地是在無語言障礙的華語世界，特別是中國。過去許多台灣漫畫家前輩因遭遇台漫的低潮期，為尋求空間，於是前往中國發展。而近年來，中國的網路漫畫平台盛行，有些台灣出版社會將作品授權給這些平台刊登，以爭取曝光機會，有些甚至直接在中國漫畫雜誌上進行連載；除此之外也開始有一些台灣漫畫作品的ＩＰ與異業進行合作，例如翻拍成電視劇。有人認為台灣市場太小，擴展到中國市場是必然的趨勢。不過，在中國當局對紙本出版品的嚴格管制之下，台灣出版社無法直接從中國的出版市場上獲利，而即使有合作或投資，也可能有政治敏感性方面的潛在風險。至於言論自由在中國的限制，也是考驗漫畫家的關鍵。因此，是否要向中國靠攏，也是目前台漫所要面臨的抉擇之一。

最後，要說明的是，此書以「台漫不死」作為標題，是因為在這些訪談之後，我們發現台灣漫畫，儘管遭遇重重困難，仍有許多人在其中不斷地努力著，也創作出許多精采的作品。他們憑藉著對漫畫的熱情，各自摸索可能的道路，也逐漸找到能夠讓台灣漫畫生存下去的方式

——有些團隊將漫畫當作說故事的媒介，希望能融合台灣人文歷史並讓人產生共鳴；有些公司面向全球化的競爭，希望能將實力展現在更廣大的市場上；有些則因應數位化潮流，以網路平台或手機條漫作為新的漫畫介面，並且盡可能地跨界經營；有人則相信另類漫畫就算市場小，仍有它們能感動到的讀者存在，甚至可以讓創作者得到更多能量；還有更常見的情況是，同人場讓創作者能自由自在地進行創作，至少是一個人才養成的重要機會。

實際上，在市面上已經有很多精彩的台灣漫畫作品等著讀者去發掘，就像我去年參與金漫獎評審工作時，一口氣閱讀了大量台漫作品，才深深體會到台灣真的不缺有創意、有內容、又有品質的漫畫。真的只怕讀者不願意去翻開來看而已。因此，以「台漫不死」為書名，作為我們對台灣漫畫未來的期許。

附註

註1 1980年代末，美國政治學者Joseph Nye所提出的概念。一開始是用來指出美國除了軍事經濟這種「硬實力」足以強迫他國之外，文化、意識形態或價值觀（如美國的好萊塢影視工業與自由民主價值觀）這種「軟實力」也能夠讓其他國家自然而然地受到美國吸引，進而學習、順服美國文化，足以使美國得到其政治目的。

當漫畫的閱讀逐漸從紙本轉移至手機螢幕上，可以看見時代的進步不僅僅改變了人們獲取資訊的方式，也改變了閱讀與娛樂的選項。當傳統載體已無法抓住讀者的目光時，漫畫產業亦不得不開始尋找改變的方向。在這樣的洪流下，創作者會選擇以什麼樣的方法做出應對？本單元主要詢問了漫畫家的創作歷程，與出版社、編輯或助手們的互動模式之外，更期待了解漫畫家如何與自身脈絡連結，如何去看待現今的漫畫產業現狀。

在這個章節中我們訪問了國際交流與擺攤經驗豐富、作品特色自成一格的米奇鰻；結合台灣歷史文化、創作職人漫畫的張季雅；將詩仙李白化為奇幻少年漫畫主角的金漫獎常勝軍葉明軒；同時擅長政治諷刺漫畫和長篇劇情漫畫、並把媽祖娘娘化為可愛少女的韋宗成；繪稿效率驚人、並直接投身日本漫畫產業獲得作品動畫化的彭傑；以及將社會議題作為漫畫主題、試圖讓讀者能輕鬆了解嚴肅議題的蠢羊與其夥伴花栗鼠。

同時，我們了解到一部作品能被讀者拿在手中，並不是漫畫家獨自一人所能完成的。漫畫家借助著平台、團隊合作、ＩＰ經營等方式，在應對著市場改變的同時也透過這些力量，使得作品能有新的表現方式。

＊此單元漫畫家之順序以其出道作品先後為原則。

漫畫家

米奇鰻

——世界上很多人都是走這種奇怪的路線，
所以你也不用怕奇怪。

畢業後原為廣告公司職員，體悟到自己繼續工作下去可能會成為正常人，因而開始了創作之路。作品多為從自身經歷出發的半虛擬自傳型漫畫，主題以敘述自身旅行經驗為主。有多次國外旅遊、工作以及擺攤的經驗，二〇一二年於安古蘭國際漫畫節獨立參展，並將其經歷出版為《最劣歐洲遊記》。出道作品為《毛球寶兒》，代表作品為《台北不來悔》、《最劣歐洲遊記》。

從擺地攤開始的創作之路

請問你進入漫畫產業的契機和創作歷程？

我在成為漫畫家以前是在廣告公司工作，但上班一陣子後覺得不能再待下去了，覺得再待下去——自己就會變成一個「正常人」。

因為有次跟客戶提案時，我畫了一張圖跟客戶解釋接下來可以怎麼做，回公司後卻被設計師說「這個弄不出來，你不要自己亂提案給客戶」，一想到連廣告公司都有這麼大的限制，其他工作更不用說，所以就辭職了。之後想開始自己創作，於是從二〇〇四年開始，我便擺地攤販賣自己的創作。《台北不來悔》就是敘述這件事情的歷程，是半自傳型虛擬漫畫。當時也開始接各種案子，有插畫、設計貼紙等，漫畫反而是倚靠這些收入去支撐的。

後來二〇〇五年在「雅虎奇摩」連載漫畫《毛球寶兒》，當時連載的契機是透過漫畫比賽媒合到的。連載期間我從來沒有見過雅虎的人，因為連絡方式是用電子郵件，交稿則是給我一個PTT帳號、每個禮拜五上傳作品，我再給他郵局帳戶匯稿費。稿費並不多，一個月好像只有五千塊，但那時候覺得網路連載很重要，因此很認真在畫這份連載。即使如此，我還是覺得畫漫畫沒有辦法養活自己，所以嘗試了很多可能性——我會設計貼紙，就像把漫畫拆成一格一格賣這樣。然後一直到了二〇〇八、二〇〇九年，我才開始參加FF[註1]的活動。

之前都沒有參與過同人場嗎？

有，但就是以一種混進去的身分，都是在賣自己的貼紙，這是一種沒有愛的奸商型，不過當時還是混得滿自在的（笑）。但參加了幾次場次之後覺得還是必須要出漫畫，在體悟到這點後，我就自行印製販售自己畫的B5尺寸同人本，也陸陸續續畫了三本。之後到了二〇一〇年，這段期間我看到什麼比賽就會投稿，某次投稿了一個比賽叫做「漫畫千里馬」[註2]，我想各位應該都沒有聽過，因為只有一屆。

「漫畫千里馬」是由新聞局所主辦，那是一個還沒有文化部的年代，而這個比賽標榜著送你去日本或是美國、跟著大師學習就可以成為大師，可以去吉卜力工作室、美國皮克斯實習等等。後來發現好像沒有辦法實現這點，因為主辦單位根本不認識對方、也沒有人脈，對方當然也不願意收，但今年的預算今年要用完，於是主辦方問我會不會日文或英文，我就說英文OK。主辦方就說：「好，那麼送你去日本好了。」我感到很驚訝，但主辦方回答：「因為我們的預算只夠你去日本，局長已經離職了，建議你趕快在今年之內解決這件事情，到了明年一切就不好說了。」後來主辦方說要幫我在漫畫出版社找實習的機會，但如果真的照這樣發展，不會日文的我大概會被冷凍在窗戶旁邊一整年吧——綜如上述考量，最後我自己上網找了一間漫畫學校，之後去念大阪的代代木動畫學院。

日本每間學校強調的都不太一樣，我那間學校就是強調你要能當助手。我們在畢業時要畫一整頁的插畫，裡面要有一台車、前面要有一個人，整幅插畫要有背景，旁邊要寫你花了多少時間畫墨線、上網點、打草稿，意思就是除了畫得好以外，他們還希望你畫得快。畫完之後會問你的經濟與生活狀況，像是「找到工作之後可以馬上搬出來住嗎？」因為日本的方式就是你要住在老師家畫週刊，「畢業之後家裡會繼續給你援助嗎？」表示你的工作不足以養活自己，或是會問「最多可以多久沒睡覺？」然後每個人都要說我身體超健康，我可以三天不睡覺。看到這個我就被嚇到了，同時也體會到了這條路我不能走。

你剛剛提到會去參加各種漫畫比賽，請問有關比賽的資訊是怎麼取得的呢？

網路上看到什麼就馬上參加，所以我得了很多第一屆的獎項，等於是趁還沒有人搞懂來龍去脈之前就先參加比賽。「漫畫千里馬」也是，它從公佈到結束好像只有一到兩個禮拜，當初標榜要培養的是「有潛力又拿得出東西的漫畫家」，如果真的有這樣的實力，大多都已經是連載的漫畫家了，根本不會去投稿。像《最劣歐洲遊記》，出版社幫我拿去報金漫獎也剛好是第一年的單元漫畫獎，也就是說沒有什麼對手，所以就這樣幸運得獎了。

我從日本回來後開始慢慢有了網路平台，像是Comico[註3]或是LINE WEBTOON[註4]這些東西，於是我去拜訪了Comico，問對方有沒有連載的機會，那時剛好是二〇一二到二〇一三年左右，是他們第二波的漫畫家。我原本只是想說去認識一下，結果對方就問我說什麼時候作品可以上檔？十二月可以嗎？等於是一、兩個月的時間內就要把作品的設定給他們，時間緊迫之下，我覺得最有把握的就是自身的故事，於是就畫了《台北不來悔》。

網路平台與條漫的創作經驗

可以分享在Comico連載的經驗嗎？

Comico的制度很嚴謹、是走日系的，會幫你看分鏡、跟你討論漫畫的劇情走向，也會提出意見，和編輯的討論十分密切，他們可能是最了解你作品的人，因為每周都要跟編輯討論、把稿子給編輯看，所以我覺得真的非常用心，你也會接受他的意見。編輯也會幫忙找參考資料給你、告訴你條漫的特性是什麼，這是我沒有經歷過的。

畫漫畫和當兵很像，你又不會畫憑什麼要我這樣改？到市場上說不定我的提案會得到比較好的反應。但Comico的編輯會提供參考資料來說服我，那我就會相信他。參考資料主要是來自日本的Comico，因為日本比台灣早上線，所以會有日本方的一些資料、分鏡方式之類的，而與編輯的討論方式都是用 LINE，交稿用 Dropbox。

我們合作過程是簽作品約，但有一次我接到一個新聞的採訪，想說禮貌性告知編輯一聲，編輯就問我什麼時候、他也要一起去。有點像是經紀人去介紹推廣，我也是第一次有這樣的經驗。那時候會取《台北不來悔》是因為 Comico 會擁有作品衍生權，等於是版權的部分他們也會有一部分的權利，所以不建議作者拿成名的代表作來投稿，會希望作者畫一篇新的作品，然後和作者共同經營。我原本的作品叫做《台北不來梅》，所以我就自己「盜版」我自己，將連載的作品取名叫做《台北不來悔》，有時候打關鍵字還是會不小心連錯，連到原本的網站去。

Comico 對於作者的第一個作品都會希望連載的時間大概是一年。一方面也是一個測試，讓作者大概了解周刊連載的工作量，如果之後有更長的企劃，那就是等第二部連載作品再提出，第一部等於是先來試水溫。

有沒有找過助手呢？

我也是第一次接了這樣的連載，所以畫到第七回我就想說，「不行！我要找助手！」那時候的狀況是很急迫了，但找助手又是新工作的開始，所以真的是火燒屁股。兩位助手是網路找的，算是我之前作品的粉絲，而直到連載完畢，我總共只和助手見了一次面，因為交稿都用Dropbox，他們只需要幫我上色，我上色的方式又滿機械化的，所以其實也沒教到什麼東西。就這樣合作一年多也只見過一次，最後一次見面就是連載結束，請吃飯的時候了。

條漫的頁數是怎麼算的呢？《台北不來悔》一開始是條漫，後來是怎麼出版成紙本的？

算像素。譬如說一個禮拜要五萬像素，你就要想辦法去畫東西填滿五萬像素，很像《BLEACH死神》那種畫法，讓你一直滑、一直滑，一個禮拜什麼都沒看到就結束了。我用傳統漫畫的分頁換算，條漫的一話大概等於傳統漫畫的八到十頁，但出成紙本的過程非常麻煩，我重畫了大約五成左右。其實一開始以條漫為創作模式時，有將出版成紙本作為考量，還特地把像素調得更大去畫。但因為紙本出版與條漫終究是不同的媒體，整體差異還是很大，例如一條的漫畫要變成一頁，需要再重新排列，這樣的排列會導致格子左右是空著的，等於左邊和右邊還需要再補很多東西上去。所以要花費非常多的心力把條漫改成紙本。

要比別人更不一樣

老師去安古蘭漫畫節[註5]參展過，可以分享一下當年的經驗嗎？

第一次去是在日本留學後（2012），在安古蘭那邊看到了很多不同的可能性，像是類型更狂放、覺得好像很好看的東西。那次的經歷對我來說，最大的收穫是確認世界上很多人都是走這種奇怪的路線，所以你也不用怕奇怪，甚至應該說，要想辦法比別人更不一樣。像是特殊開本的獨立出版，這種尺寸比起一般出版的尺寸更自由、內容也更多元。像是我習慣使用的合版印刷，大小剛好等於三到四張名片，拼起來會比傳統B5尺寸的同人本更省錢。會想要使用這種形式是因為之前在安古蘭參與了二十四小時漫畫馬拉松，就是一天裡面要畫出二十四頁。畫完之後覺得還不錯，但你一天畫的精緻度不夠，所以只能把它們縮小，才會看起來精緻一點。

同時也開始嘗試各種不同的用色方式、或是內容使用中英對照，希望可以往西方發展。

第二次去安古蘭是二〇一五年年底去駐村，這次看到了世界各國漫畫家各種不同的工作方式、不同的類型。譬如說像我從台灣帶著一塊手寫板去，想說還可以做台灣的工作、接一些案子，就有個克羅埃西亞的漫畫家從我旁邊經過說：「趕快回到真實世界，紙跟筆才是不能取代的東西。」那位漫畫家主要的創作形式是壓克力或是油畫，在這個網路年代，他的編輯還需要從巴黎坐三個小時的車才能拿到他的稿子。但也有一派是電繪派，認為漫畫家就是要跟上這個潮流。有個義大利女生就屬於這派，跟我的類型比較接近，也有在手作網站賣她的創作商品。還有另外一派是畫技雖然普通，但想到用漫畫研究的方式來表現他的創作，例如有個漫畫家把一個故事用九十九種方式說完，雖然他的畫工很不ＯＫ，但看到最後你會很想知道他還可以用什麼方式來表現這部漫畫。

當時我也想探討的一點是西方的漫畫家有沒有過得比我們好。結論來說，從事創作是很辛苦的一件事情，但在西方這些國家就有它們的優勢，例如你的語言和其他國家並沒有那麼強烈的隔閡。還有，某個藝術家說他下個月要去西班牙漫畫節，漫畫節本身會附機票，這在歐洲是很容易的事情，但對我們來說就是不可思議的事情。還有人說下個月要去西班牙度假，因為在那邊接了一個漫畫工作坊的案子，於是就全家順便一起去度假。對我來說正確的順序應該是先賺到錢，再去度假，只是說換個環境就真的是度假休息，這也是與我們截然不同的想法。還有一個例子，很多人到安古蘭駐村之後，就會繼續留在安古蘭，這對我們來說也是很不可能的事情。我問對方，「你不是阿根廷人嗎？」對方回答他的祖父是來自歐盟國家，所以他們家人在歐盟內可以自由的來往。這和台灣的情況就有很大的差異。

之後有想去別的地方旅行或是駐村嗎？

有機會的話當然好，也想參加一些活動，像前陣子參加過九州國際漫畫博物館舉辦的四格漫畫教室，他們請我當講師。我當時覺得這個比賽太好了，第一名頒給畫得很醜的，醜的程度大概是讓你覺得用小畫家畫五分鐘也畫得出來，可是漫畫本身有點有趣。我當時覺得這比賽很有野心也很有種。我還有透過開拓動漫祭執行長蘇微希介紹去長春的吉林動畫學院，那次也是個非常好畫遊記的題材。特別的部分是，助手在台灣是要花錢聘請，在中國大陸則是創辦一間上千人的學校，以我教你東西、你幫我畫圖的方式，還要付我學費，而版權最後是學校的，但學生可以用學校的力量幫你談上一個平台。不過這並不是台灣的產業想要的。

你希望自己的作品能夠帶給讀者什麼東西？

希望帶給讀者的是「憑什麼米奇鰻可以在漫畫界闖出一片天！」，讓他們覺得「可惡，我畫得比他好！我也要畫！」。就是告訴大家這樣也可以當漫畫家，就會有更多這種非傳統的、「我也要成為下一個米奇鰻！」之類的作者出現。還可以出國玩——去日本過了一年、去法國混了半年之後，畫的東西臉跟骨架都是歪的。我想說的其實就是希望讀者能認為創意比畫技重要。

與出版社和異業合作的經驗

除了跟Comico以外，還有與其他出版社合作嗎？

有跟「蓋亞」合作過，但他們就是比較自由自在的放任。更早以前有跟其他出版社合作過，那次也是滿奇妙的。就是前面提過的奇摩四格漫畫，後來有出單行本。可是看中的是一間英語學習的公司，所以後來出書的時候，書裡面就有放一些教英文的內容，因此那本漫畫被歸類在語言學習類。那時候我才了解了書系的重要性。

也有跟《CCC創作集》（以下簡稱CCC）的編輯部合作過，他們的編輯會找很多資料給你，這樣作畫以外的負擔其實減輕很多。然後看《CCC》有種有趣的看法，就是先看每一期的預告、再看下一期有什麼作品，就會發現有哪些人畫不出來、沒有交稿。像我就是救火隊的角色，《ＣＣＣ》都不會第一時間來找我，通常都是有人要開天窗了才會來找我救火，反正我畫得很快。

主要收入是賣周邊多，還是從稿費分得多？

我的收入以圓餅圖來說，非常的分散，有講座、有工作坊也有短期連載、報紙專欄，或是漫畫評審，總之非常的多元，但即使如此，還是打不贏我太太的一張扣繳憑單。

還有什麼跨界合作的例子嗎？

有個滿特殊的經驗是和霞海城隍廟合作漫畫。霞海城隍廟不會跟廠商合作商品，他們的LOGO是不給人用的。他們不是很想讓自己的品牌為某個產品背書，因為假設賣餅類，那等於是用廟的名聲幫產品背書。但出版品比較沒那麼商業感，所以他們才願意。文學改編那個也滿特別的，他們找另外一個作者改編葉石濤[註6]的作品，讓年輕的讀者、國中以下，可以有機會看到前輩的作品，但又怕小朋友看不了那麼多字，就再請漫畫家改編成漫畫；那是文化部的案子。還有，其實之前世大運那次如果宣傳效果再好一點，也會是不錯的合作[註7]。

台灣漫畫產業的現況

你在創作同人作品時，會跟創作商業作品時有不一樣的做法嗎？

沒有，這是最大的問題。好像有不同的做法感覺比較聰明，但我同人場其實也是畫原創作品，除非是合集才會畫二創。商業的時候也許會再大眾一點，譬如說遊記就很大眾，獨立出版可能就會講一些流浪狗、台灣的近代政治史，或是把我結婚過程畫成婚禮小物。當初婚禮小物的情況是：我覺得與其買手工香皂，不如就畫一本漫畫，有包紅包的人就可以拿一本，後來有剩就拿出來賣了。基本銷量就二十六桌了。婚禮當時還有擺自助商店，讓大家投錢進去、但不找零，於是婚禮的時候又賺了一筆。

你在大學工業設計系裡學到的一些理論架構對於漫畫有沒有影響？

有影響，因為我不是科班出身，設計就是我在創作領域中接觸到最有系統的一種學習方式，譬如說新工藝美術運動之類的。對於產業則是至少有個除了漫畫以外的專業，雖然兩者很接近，不過就是另外一種可以利用的技能，所以我覺得滿有幫助的。

對平台轉變的看法？

看傳統漫畫的讀者還是存在，與其討論條漫的市佔率，我覺得倒不如說是臉書的圖文作家或是手機遊戲的影響更大。主要可能是因為大家都在玩手遊、也都願意買寶石（課金），但你叫讀者買漫畫、買閱讀點券，他們是不會願意買的。

我對圖文創作的看法是：比起漫畫，它才是一直都受歡迎的。但圖文創作很容易迷失，現在流行什麼就要畫什麼、講的東西又不能太長，到後來會越來越追求梗，僅為了一瞬間被轉載的可能性。這對我來說並不是一個很適合自己的創作，我還是希望畫一些可以累積的東西。

漫畫這個產業現在就是沒有產業，所以大家各自想辦法活下去。把收入攤開來說，圖文還是比我們有更多影響力、被更多人所認識、收入也更高。但我還是想畫可以累積下來的東西，雖然聽起來很正義凜然。

你對台灣的原創漫畫整體環境有什麼樣的看法？

環境這麼差，所以能留下來的都是人才，才能夠撐住。市場方面來看，漫畫的黃金年代已經過去了，以前小時候沒有娛樂，現在娛樂則是無處不在。用手機當漫畫載體的狀況下也是有它的缺點：像是LINE的訊息一來，你很容易就會把漫畫關掉。這是一個很沒有耐心的時代，它對娛樂是有門檻的。不知道為什麼漫畫就是有一種免費的感覺，感覺像是一種整體的大氛圍，那時候在Comico的攤位就看到「漫畫免費天天看」的標語，就是強調漫畫是免費的時代。看到那個標語的時候不禁想到，我們以前是努力存錢買漫畫，現在卻是拜託你來看漫畫好不好。但大家還是沒有興趣、也沒有時間看。網路時代雖然更容易被轉貼，但卻更不珍貴了。

不過漫畫產業的現況有很多地方是比以前好的，像是現在不需要出版社、不用比賽，就能直接開始創作的可能性變高了。只是，要怎麼樣把創作者的名氣變成收入，這是現在跟過去比較不一樣的地方。

許多漫畫家訪談都會提到要靠漫畫生存很困難，你對這件事有什麼想法？

我覺得這就是缺乏安全感。真的要餓死也沒有那麼容易，但既然都做了，就想要能夠賺錢給家人看、告訴他們，「漫畫也是能夠賺錢的。」像我最近遇到的問題就是我覺得我不該再繼續接這些案子，但案子來了之後又是「好、我接」，接或不接都會考慮很久，但其實不該接這些案子，而是應該要做一些自己的東西。

然後我覺得現在的產業就是缺觀眾、缺漫畫家以外的人，產業不能只有漫畫家，所以要先把整個制度都做出來，讓在一旁看熱鬧的人覺得「漫畫產業好像真的有這麼一回事」，才能吸引到他們。政府應該做好自己該做的東西、與產業結合的強度應該要再多一點、自由度多一點。像是日清的廣告都可以被大家這樣轉載，如果政府可以做到這樣的話，民眾的觀感也會改變。

附註

註1 FF，全名為開拓動漫祭（Fancy Frontier，簡稱FF），台灣的同人場活動。

註2 漫畫千里馬，由行政院新聞局於2009年舉辦，分為一般級以及專業級。徵求的作品有漫畫、編輯、編劇。

註3 Comico，由日本NHN comico開發、營運，是一家刊載彩色長條漫畫的線上網站，有多種語言平台，包括日、韓、繁中、簡中以及泰文，旗下作者來自日本、台灣、韓國等各國。

註4 LINE WEBTOON，來自韓國，是一個多國行動漫畫平台，2014年首次進入台灣的漫畫市場。其中包括恐怖、劇情、搞笑、奇幻等內容的作品，其中台灣的原創漫畫有三分之一。

註5 安古蘭漫畫節，於1974年1月起每年在法國安古蘭舉辦，是歐洲歷史上最悠久的漫畫展覽。

註6 葉石濤（1925年11月1日-2008年12月11日），台灣當代文學作家，創作以小說與評論為主，散文及翻譯為輔。

註7 指2017年世大運期間，台北市漫畫工會號召三、四十名漫畫家為各運動項目繪製四格漫畫或插圖的活動。

《台北不來悔》——米奇鰻

聚會中的朋友們在酒酣耳熱之際紛紛表示不甘一輩子當個社畜，還各自發表自己的偉大夢想。轉日酒醒後每個人依然回到自己朝九晚五的生活當中，但沒想到有個人卻把酒桌戲言真的實踐了——他想創立自己的品牌，所以他辭職了——他選了十張自己最滿意的插圖，他要用擺地攤來賣畫！

「啥?!」友人一口水噴了他一臉。

他不以為然，「不趁年輕亂搞難道要等老了才亂搞?」

更多的擺攤甘苦談都可以在書中找到！

張季雅

——職人漫畫有一個困難點……
你必須了解那個職業……
才能將技術層面展現在漫畫裡面。

從小立志成為漫畫家，出道時間介於投稿與網路世代中間，二〇〇六年獲得青文新人獎第二名。二〇一〇年於《CCC創作集》陸續發表十九世紀台灣茶商與買辦的系列故事，該系列於二〇一三年正式出版為《異人茶跡：淡水1865》。出道作品為《帶我去球場》系列，代表作為《異人茶跡》系列。

創作經歷與職人漫畫

請問妳進入漫畫產業的契機和創作經歷？

我剛好卡在投稿和網路世代這中間，處於投稿時代的尾端。所以我參加過「青文」和「東立」的新人獎，也都有得到獎項。但因為當時出版社培養新人意願降低，加上我個人作品調性等問題，沒有辦法讓我在這兩間出版社出道。後來我在《挑戰者月刊》上面連載一個棒球的漫畫，那時候的想法是，日本的棒球漫畫非常盛行、很有歷史，但如果台灣要做的話有點不同比較好，所以那時候調整的方向是「訴諸棒球的球迷看比賽的經驗」這件事，那時候的標題是「帶我去球場」。

之後離開《挑戰者月刊》，去多媒體公司畫 flash，過沒多久《CCC》開始找漫畫家，我是透過 AKRU[註1]老師和他們牽上線的，非常感謝 AKRU 老師。

妳的代表作《異人茶跡》中所提及的烏龍茶史，是妳本身就很熟悉，還是「CCC編輯部」會提供相關資料呢？

我自己事前會去找資料，但更多詳細的部分還是需要請他們幫忙找。我比較熟悉的是製茶的部分。職人漫畫有一個困難點：你必須了解那個職業的技術層面，才能將技術層面展現在漫畫裡。因為我家是種茶的，所以剛好了解這一塊，我可以一直去騷擾我爸，問他是怎麼做出來的。歷史資料也很有趣，但那時候關於台灣歷史的書其實不多，所以找到的資料很少，不然就是很舊，充滿了神秘的偏見，所以一開始很辛苦。另外，數位典藏計畫（編按：請參考《CCC創作集》章節的介紹）的研究品大多是原件，原件需要被研究、整理。例如，只看當時的海關報告，是沒有辦法了解這份報告有什麼意義的。你必須透過一些東西，像是入門的書籍，才知道該怎麼樣把這份資料放進故事裡。

和《CCC》合作的過程中，是怎麼和編輯進行故事的討論？

《CCC》的編輯主要負責資料的確認，編劇還是由我負責的。《CCC》裡面有很多編輯，每位編輯的專長都不太一樣，負責我的那位編輯非常擅長劇本的結構，知道漫畫的分鏡和編劇需要注意什麼地方。他會在我畫完分鏡之後幫我做確認，我們再進行整理以及討論。漫畫編輯有個很重要的地方，就是協助作者了解自己所想表達的意圖有沒有傳達到。不過也是要看不同的編輯啦，有些編輯會很強硬的跟你說畫這樣才能大賣，但我個人認為，一個編輯的基本功就是要幫作家確認，因為漫畫就是要能跟讀者溝通，而編輯是在兩者之間的橋梁。編輯並不是讀者，讀者可以更任性一點，但編輯要有能力和責任讓作者了解。

在創作過程中妳遇過什麼瓶頸嗎？或是妳對作品有什麼樣的要求？

畫不出來或是想不到劇情，這些對我來說都是家常便飯，我覺得最大課題可能是要克制焦慮，而我會用運動的方式去克制。至於要求的部分，我現在會比較在意畫面，剛出道的時候會覺得劇情才是最重要的，只要能表達故事就好，可是現在我改變了想法——我想要吸引讀者願意來看——我意識到如果我能提高畫面品質，就能吸引到新的讀者來看這個故事。這是一個可以改進的方向，所以我最近會盡量著眼去做。

助手的養成

為了提高畫面精緻度，妳有考慮過請助手嗎？

我以前都是一個人完成的，現在會思考是不是該找助手。我目前已經有找助手來協助我完成畫面，不過才剛開始，而且雖說是助手，但其實對於漫畫畫面的熟悉度還不夠高，每個人風格也不同，所以我會習慣一次帶比較多人。目前帶過兩批，第一批的助手是三個人，那個時候有嘗試了一些方法，因為我不太確定其他漫畫家怎麼做，我也沒有什麼人可以去問。助手需要的，就是畫面完稿的基本能力，譬如說透視、上線、處理材質等，除了這些對於畫面的基本能力之外，還有例如《異人茶跡》是清代故事，所以裡面有很多清代建築、穿著、生活風格之類的。助手必須熟悉那個部分，因為跟現代不一樣，這是需要去觀察的。

妳提到帶助手之類的事情似乎都沒有經驗傳承，在其他漫畫家身上也是類似的狀況嗎？

有些漫畫家是工作室模式，這樣可能就比較有辦法負擔長期培養助手跟請助手。只是當漫畫家是個人創作的時候，他其實比較沒有辦法這麼做，因為帶助手還要花時間，沒有辦法很快就上手。在忙稿子的時候還要跟助手說這個怎麼表現，其實會讓人非常的心力交瘁，這也是現在一些漫畫家寧可找有空的朋友來幫忙，也不願意找助手的原因，所以助手在台灣的漫畫產業這塊比較弱。

妳覺得怎樣的制度比較好？另外，老師現在是個人創作，那助手的收入是怎麼來的？

這就是我頭痛的地方，現在他們是算處理一頁的稿費。台灣在助手這塊就有人在吵是要時薪制呢？還是算稿費呢？但各有各的問題：算時薪的話，助手能力不足，一張必須畫兩天，這樣怎麼算？如果是稿費制的話，現在的漫畫家平均一張稿費大概八百到一千，可以分給助手多少？在給付上就有很大的障礙要想辦法克服。在養成上也是一個問題：你教助手技術，助手要付你錢嗎？諸如此類的問題都需要去解決。

我會開始會帶助手是因為南科大有一個繁星計畫之類的機會，問我願不願意用他們的學生來訓練助手，老師也會有教導費。我是因為那個計畫才開始帶第一批助手，想說可以來嘗試帶助手。不過，就算助手訓練完了，他們願不願意待下來也是個問題，因為學生們可能也會想畫自己的漫畫，有的人就去畫自己的漫畫，有的可能就比較喜歡待在同人場。

和《CCC》與出版社
合作的關係

妳一開始是在《CCC》連載作品，然後再在「蓋亞」出版，有關這個作品的版權，《CCC》有需要再授權「蓋亞」嗎？

沒有，《CCC》和作家的合作只有刊載權，他們不干涉作家之後要怎麼做。早期還希望我們大家可以開枝散葉到各個不同的出版社去，不要只待在「蓋亞」，最好是「東立」啊、其他出版社都去。《CCC》有一個很大的優點：它不是為了營利，它的目的就是為了擴散，所以並不會去計較一定要跟誰合作。

除了出版會有版稅之外，會不會有一些改編、周邊等的相關授權呢？這個授權是完全在「蓋亞」那邊嗎？是否需要作者的同意？

「蓋亞」會有優先的經紀約吧？譬如說有人問可不可以拿我的作品去投電視的改編，「蓋亞」可能就會在某個期限內，給他一個基本的授權拿去投，如果這個期限內沒標到那就結束了。「蓋亞」會去處理這些基本事項，如果有改編或外面的要求，都會讓「蓋亞」去談合作。

那妳和「蓋亞」是簽什麼樣合約呢？

基本上我們的合約就是單行本約，還有單行本的衍生權利約。我很喜歡「蓋亞」這一點，他們不是想獨佔這個作者，而是會專注在經營作品，我覺得這才是最重要的。

出版社會限制妳在同人場擺自己的作品嗎？

不會，「蓋亞」只專注在你跟他的單行本契約上，不會限制你。可是如果做得太誇張，像是把個人誌交給另外一個出版社之類的，就會覺得太超過了。以前的出版社都會喜歡綁作品約和綁人約，所以作家在簽約之前一定要想清楚。雖然（綁人約）真的會多有一些資源沒錯，可是對你來說，你最需要什麼？你不能放棄的是什麼？因為這種商業合作是有捨有得的，自己要拿捏好，像我就沒辦法接受人約，我覺得作品還是得跟著作者。

妳對於條漫以及傳統漫畫這兩種方式有什麼看法？

我覺得 Comico 和 LINE WEBTOON 是所謂的「為了網路時代而產生的閱讀方式和媒介」。我們會區分為劇漫和條漫，條漫有它的要求跟表現方式，並不是把劇漫切成長條就能解決的。條漫必須符合使用者習慣，像是滑手機的速度，計算讀者要滑多久、拉多久會有無止盡感，這是條漫需要考量的地方。至於我會不會去創作條漫，這取決於我的主題是什麼，如果我的主題是現代愛情故事，我會覺得用條漫完全沒有關係；而當我的主題是需要花時間去閱讀的故事時，需要更多空間來展現這個故事跟世界觀，這樣劇漫會是一個比較好的選擇。它們對我來講只是形式的不同，並沒有喜好的問題，當然劇漫還是比較習慣，但我也不會排斥條漫。

妳目前的付出跟收入有辦法讓妳持續下去嗎？

目前可以維持生活。當然大家都不會希望只是能夠維持生活，但我暫時在這方面不會想太多，因為我生活要求方面比較簡單，基本上還不會太在意這件事情。只是我覺得一個漫畫創作者如果在這個行業畫了二十年、三十年，卻沒有更前進的突破的話，會覺得疲累是很正常的。

《CCC》停刊後，妳的創作是如何接續下去的呢？

這就很辛苦啊。其實《異人茶跡》第二集就是沒有在《CCC》平台上面連載。剛好那個時候有很多提供給國小國中的讀物出版，剛開始是一本叫《未來少年》給學童看的雜誌，科普人文都有，有點像《小牛頓》。它剛創刊的時候，好像是副總編輯吧，因為喜歡看漫畫，覺得《CCC》是一個可以讓人看見本土人文的媒材，也可以變得很有趣，所以就說希望在《未來少年》上有一樣的東西，就找了《CCC》的一些作家，不少人都在上面畫過短篇。雖然雜誌每個月只有十六頁漫畫，必須把故事拆得很開，畢竟漫畫不是他們的主業。可是在那個狀況下，也讓我們這些作家有了漫畫刊物以外可以放作品的地方。

會不會擔心台灣漫畫的整個市場的未來？與其他類別相較之下，會覺得台灣漫畫在台灣相對難推動嗎？

我覺得（台灣漫畫）有往好的方向走，可是走得夠不夠遠，這點我還不確定。在更早以前，大家都有一種「台漫等於不好」的直接連結，連給個嘗試的機會也沒有。其實我前幾天就聽到有人在跟他同學推坑台漫，他同學就說：「台漫有什麼好看的！」這種想法到現在還是有，但我覺得比以前好多了。

對於台漫走向國際的

看法

妳之前有去過安古蘭漫畫節的經歷。在這種國際漫畫展覽中，外國人對台灣漫畫有怎樣的看法呢？

我覺得不能把「國外」當集合名詞來看。外國出版商也都是獨立的個體，如果把他們視為集合名詞、並往那個方向做調整，是很可怕的。今年（2017）金漫獎的交流會有個歐洲的出版商說：「台灣的作品應該以世界為目標來進行創作。」這是不要畫台灣故事的意思嗎？還是世界觀要設定成主角在世界各地跑呢？我也有接觸到一些出版社，他們會想找亞洲獨特的故事，他們並不在乎你畫得怎樣，因為他們想要的是「亞洲的故事」。而也有些出版社認為，在畫風上會擔心台漫看起來跟日漫很像，不知道怎麼進行推銷。

可是這些都是不同出版社的聲音，沒有辦法把這些出版社視為一體。所以如果要跟國外的出版商合作，必須了解個體的需求。我是這樣認為的，但實際上真正在做這塊的人想法會更不一樣吧？這只是我去參加得到的心得。

現在台灣的新生代漫畫家，不管是畫風、還是講故事的方式，都已經更不一樣了。譬如像「蓋亞」最近有位新人作家叫做薪鹽[註2]，植劇場《茶靡》的漫畫是她負責作畫的，她現在在美國讀書學動畫。她的畫風跟傳統的方式都不太一樣，不像是我們習慣的劇漫跟日漫。像她這樣的創作者其實在同人場很多。

其實我也曾有過困惑，就是有些前輩會說我們畫得像日漫，有種指責的感覺，但我的東西如果拿去跟日漫擺一起的話，沒有人會覺得我是日本漫畫，反而還會嫌說這一看就是台漫。我以前剛進入這個產業時，會對這個問題感到很困擾，也會思考說難道真的這樣大家就不會看見我們嗎？

不過在實際去了一趟安古蘭和德國之後，我發現真正的問題不是在於畫風。現在漫畫風格分三種：日漫、歐漫和美漫。但是這些漫畫並不是只限制在單一國家或區域，譬如歐漫，它就涵蓋歐洲各個國家，難道法國人要對西班牙人說：你這畫的不是歐漫。這是一種很詭異的狀況。這種定義不應該是用來限制創作者的一個框架，也不該是創作者拿來自我懷疑的奇怪東西。可是我也是經過很多時間才意識到，不該這樣想的。

附註

註1 AKRU，本名沈穎傑，是台灣的漫畫家及插畫家，代表作有《柯普雷的翅膀》、《北城百畫帖》。

註2 薪鹽，本名陳心妍，台灣漫畫家，代表作有《荼蘼》。

《異人茶跡》——張季雅

說到做到的行動派蘇格蘭商人陶德和來到台灣尋求新機遇的廈門買辦李春生相遇了，他們決定通力合作，要把曾被認為是低價代名詞的台灣產烏龍茶賣進花旗國（美國）市場！

面對茶農的質疑、官府的刁難以及武夷紅茶的競爭，他們會如何克服？整部作品對於製茶的工序和品茶的步驟都有詳盡的描繪，也能從故事中窺探到十九世紀後半台灣常民社會的一角。

葉明軒

——法術就是漫畫，
李白他要成為大仙術士，
其實就是成為大漫畫家。

自小喜愛畫畫，亦獲得許多漫畫獎項。於第八屆東立漫畫新人獎中獲得第一名，正式開展漫畫家人生。作品中常描寫中國古典神話人物，擅長少年漫畫。多次入圍金漫獎，並在二〇一二年、二〇一五年及二〇一六年三度獲得金漫獎少年漫畫組優勝，二〇一五年及二〇一六年金漫獎年度漫畫大獎。出道作品：《無上西天》，代表作品：《大仙術士李白》。

走向「漫畫」這條路的原因

請問你進入漫畫產業的契機和創作歷程？

我小時候就很喜歡畫圖，又剛好畫得還不錯，從小就有參加很多比賽得名。國中和高中都是念美術班，但因為專注在畫圖的緣故，功課很糟，不但被留級過，還重考一年才考上台藝大的工藝系。本來是想要考美術系，但那時候我的水彩老師跟我說：「你就去念看看，反正它也是學設計，對你未來出路會大一點。純美術出來的根本就會餓得半死。」當時是這麼認為的。

後來念書的時候也有參加「東立」的漫畫新人獎比賽[註1]。當時我想買摩托車，看到獎金滿高的，就想說投看看，結果就得獎了，但是後來並沒有直接走漫畫這條路。當兵之後，當時線上遊戲正紅，想說如果能看到自己的東西能出現在遊戲裡面應該會很有成就感，所以一開始我最想做的是遊戲美術，可是應徵都沒有上，所以就回頭投出版社，結果也沒有回音。

之後我就出國去，在英國倫敦念設計與品牌策略科系念了一年多，回來台灣後，在找工作的空檔，參加了行政院新聞局的劇情漫畫獎[註2]，沒想到又得獎了！參賽作品[註3]是描述孫悟空轉世的青少年，打扮穿著非常有台灣風，戴了一頂棒球帽，腳穿藍白拖。頒獎的時候，主辦單位希望讓所有作者扮演成自己創作的角色，所以我就穿著藍白拖上台領獎了（笑）。

在得到劇情漫畫獎後，「東立」的《龍少年》主編來問我說要不要提案看看？我想，既然有這筆滿高的獎金當後盾，那就來試看看畫漫畫吧！要是兩年過後、錢花完了還沒走紅，還來得及回頭來找工作，沒想到就一直畫到現在了。我的感想是，漫畫要蓬勃，真的要有高獎金的比賽，才能支撐創作者繼續走這條路。

作品內容的創意是從哪裡發想的呢？

跟日常生活比較有關，主要是自己經歷過的東西才會想畫成漫畫，至於中國古典題材是因為比較常接觸、比較好發揮。我畫《大仙術士李白》這部作品的初衷是想要以好笑為主，可是還是越畫越嚴肅，主要還是想講李白的生平、作詩的先後順序，還有遊歷各地時發生了什麼事，比較沒有另外再改編的地方。

加上奇幻設定是因為想讓漫畫更好發揮嗎？

讓漫畫更好看。不然以詩為主的內容，其實沒什麼動作場面可以發揮。年紀輕的小朋友還是比較想看武打的，這個會比較能吸引他們。我畫這部作品表面上是在畫李白，實際上是在畫漫畫——法術就是漫畫，李白他要成為大仙術士，其實就是成為大漫畫家。主要是把我的心路歷程加在裡面。

你對條漫有什麼樣的看法？

分鏡上的概念完全不同，需要重新適應。條漫很難再轉回紙本的方式出版，是一種只能存在手機文化的刊載方式。

是否有條漫的平台找過你呢？

有，但創作《李白》就已經花費了我大部分的時間，所以我把來應徵助手、覺得還不錯的對象推薦給對方。

你有特地去學習漫畫的技巧嗎？例如分鏡之類的。

參加完劇漫獎之後，剛好有一位分鏡老師說：「你既然要連載了，我還是教你一些基本的分鏡吧，以防你怎麼死的都不知道。」

很多不是能無師自通的東西。所以我很贊成學分鏡，這是很重要的一件事。有些新人的作品畫技不錯、故事也不錯，但故事就是不順暢、節奏不對，閱讀起來有種卡卡的感覺，通常那就是分鏡跟節奏沒有抓好。舉例來說，直格和斜格其實都有使用上的理由，並不是作者喜歡怎麼分就怎麼分。分鏡是有意義在的，能夠明白「為什麼這麼做」，再去使用這種形式去做分鏡，不然就會讓人出現「嗯……？」的感覺。

你在創作的過程當中，編輯通常會提供你什麼樣的意見呢？

其實還好，學完分鏡後，剛好碰上了編輯的流動，責任編輯的任期都不久，甚至出現了編輯比我還新人的狀況，他也沒辦法教我分鏡的東西，反過來是我要告訴他，這邊分鏡為什麼會這樣分。這樣的情況下，編輯能給予我的協助就很有限，不過分鏡還是會先給編輯看過、討論過之後才開始作畫，至於蒐集資料，像李白的詩歌和生平之類的，也差不多都是自己做的。

漫畫家與助手的互動模式

在創作的時候有請助手嗎？

有。我一開始請了三位，後來剩兩位。這是配合勞動部推出的「明師高徒」專案[註4]。該專案是一個老師可以申請兩位徒弟，政府每個月會補助徒弟一萬元，補助老師五千元。我請了兩位徒弟，一個月就能夠得到一萬元的補助。我再用那一萬元的補助再請一位助手，是因為有補助我才能夠請助手。我自己是覺得這個專案很不錯，但它還是被罵得滿慘的，因為專案有規定一個月工作的時數，如果一個禮拜來四天，每天至少也要六到七小時才能湊滿這些時數。而一個月的薪水才一萬，還明文規定學徒必須不能夠兼職、非在學。為了監督有沒有達到時數，會有簽名表和週誌，每個月還有訪察員來查看。

有助手其實也幫不了太多的忙。畢竟選擇成為助手，就是畫技上還有需要磨練的部分。所以助手能夠畫的東西有限，大多還是要靠自己畫。

和助手有什麼樣的互動？

「明師高徒」專案的目的就是教徒弟、將技藝傳承下去，所以一方面是當我助手，一方面就是我會幫忙看助手的參賽作品，教他們分鏡怎麼分、畫面怎麼畫比較好，我的目標就是讓他們參加比賽，並且以入圍為目標。不過，後來這專案在今年（2017）喊卡了，所以現在是沒有助手的狀態。

作品簽約與授權的模式？

我簽的是書約。現在時代不同了，要簽人約的幾乎很少。至於作品牽扯到的授權問題，大多還是由出版社去進行。如果我跟出版社簽的是人約，來這邊接受你們的訪談，就必須先問出版社，而不是由我自己決定就可以的了。

漫畫家面臨的困境

進行創作時有遇到什麼樣的瓶頸呢？

畫太慢。這是我一直以來最大的瓶頸。以前一個月我可以畫三十頁，但現在越畫越慢了。

為什麼呢？是因為對內容要求更高了嗎？

至少要比以前畫過的好。要畫出連自己都很想看下去，期待著「會發生什麼事情呢？」的作品。我只要自己覺得這一話不好看，就會一再地重新修改、重畫。大概就是因為這樣，所以我才會畫得比較慢。

請問你對台灣整體漫畫創作的環境有怎樣的看法？

台灣其實一直都不缺有潛力的新人，但你要怎麼讓這些新人留在這裡？這才是最困難的事。這是某個漫畫家聽過演講後轉述給我的，我覺得很有道理。漫畫家的生活壓力真的很大，除非自己家裡很有錢，不然就是你真的對這行很有愛、家人又不反對，才有辦法繼續活下去。

我的狀況是漫畫得了獎，拿到了獎金，家人也想說既然我喜歡漫畫、畫漫畫又可以拿獎金的話，那麼就讓我試看看。後來也因為畫漫畫的關係，成為母校的傑出校友，能跟總統握手合照，我家人就覺得我畫漫畫畫到能跟總統合照好像也ＯＫ。總之，我也需要生活的，是因為漫畫比賽的高額獎金我才能繼續留在這裡，如果有機會讓我走上舞台發言的話，我會說其實這兩年下來，對我生活幫助最大的，一個是金漫獎、一個是明師高徒專案。

對於台灣整體漫畫的情況，想要補充的就是，漫畫家的稿費真的太低了。以我個人而言，我剛進出版社時稿費一頁並沒有很多，只靠一個月三十頁的稿費，真的是非常難生存。我畫了幾集之後，稿費是有增加，而如果跟出版社簽人約的話，稿費還有可能更高，但整體而言漫畫家的稿費就還是太低。此外，漫畫家要有連載才有稿費，但如果沒有平台連載直接出書的話，就只有版稅沒有稿費了，生活只會更加困苦。

附註

註1 東立漫畫新人獎，東立出版社自1991年起，每年主辦的漫畫比賽。於2013年改為「東立原創大賽」，於2017年一月宣布停辦。

註2 全名為「行政院新聞局劇情漫畫獎」。自2003年開始至2009年結束，為行政院新聞局為了促進國內漫畫產業發展所舉辦的漫畫比賽。2010年之後改名為金漫獎。

註3 作品為《Awesome 新齊天》，於2006年獲得劇情漫畫獎佳作。

註4 勞動部為了促進青年就業，希望能透過師徒教導之訓練傳承工作技能及經驗，藉此提升青年專業技術能力而訂立的專案計畫。

《大仙術士李白》——葉明軒

盛世大唐——那是一個仙術與詩歌環繞的年代。十五歲的少年李白懷抱著成為「大仙術士」的夢想踏上了旅途。葉明軒老師將仕途以及仙術巧妙的融合在一起。夢想成為大仙術士的李白在盼望得到賞識的過程中，會發生什麼事呢？

韋宗成

——畫風可以學、畫技可以練，
但漫畫的商業性不是
學別人的東西學得很像就好，
而是玩出自己的特色。

網路漫畫發表平台「創意漫畫大亂鬥」站長。二〇〇九年由韓老闆受邀參與製作同人誌開始合作，並於同年出版政治諷刺漫畫《馬皇降臨》。二〇一〇年開始連載長篇漫畫《冥戰錄》，多次獲得金漫獎的入圍與肯定，並於二〇一二年取得最佳少年漫畫類獎佳作，同年與西門徒步區街區發展促進會合作，將故事中的角色林默娘打造為西門町的看板娘，二〇一七年台北燈會中以林默娘為原型的花車亦成為注目焦點。

持續不懈的創作

請問你進入漫畫產業的契機和創作歷程？

我高中時會在數學作業本上畫漫畫，畫久了就覺得可以把作品放在網路上給其他人看。我以前畫的東西風格都比較惡搞，像精神上的十八禁，就是作品大多是一些離經叛道、違反善良風俗的內容。大學時架了個網站，就是現在的創意漫畫大亂鬥[註1]。

後來出了社會，仍然持續在網路上發表創作。「未來數位」的韓老闆最初找上我是想要做遊戲的同人誌。但那時我已經在進行一本諷刺漫畫，他看了這部作品之後覺得這部作品應該會賣，於是就這樣出版了第一本作品，就是《馬皇降臨》。這部漫畫造成了轟動，接著才正式投入漫畫產業，出了《AV端指》，之後才是《冥戰錄》的第一集。《冥戰錄》第一集到第十集的這幾年，我還陸陸續續出了六本單行本作品。產量最多的時候一年可以出到三本，但現在因為有小孩了，目前一年只有一本，希望工作室成立後能有所提升。

請問你的創作來源是什麼呢？

很多。電影、電視、報紙、書籍、網路都有，不然就是大家聊天，生活環境周遭進行發想。

《冥戰錄》裡有許多台灣民間信仰、文化的元素，你是怎麼想到把它們加進去的呢？

這些元素都是自然加進去的。比如查完相關資料後，我會思考怎麼把一些比較適合的情節加進去，像是盡量描繪一些周遭的環境：台灣人談論什麼、怎麼吃飯、怎麼買東西……之類的。

聽起來像是你希望作品是可以更貼近台灣人生活的？

這方面在創作上我並沒有想這麼多。每個作者的創作想法都不太一樣，有些作者會比較偏向創作架空超現實的故事，而我的創作脈絡從以前就是較為貼近日常。先從發想的點開始，再把這個點建構發展成完整的故事。

現在網路漫畫平台相當盛行，請問你的商業作品有發行電子版嗎？

當初創作的時候並沒有考慮到商業作品會在電子平台上發表，有一段時間曾經和 LINE WEBTOON 合作過，那時候做得非常的痛苦（笑）。傳統漫畫是一頁一頁、分格的，但條漫是一整條的，我只好把它接起來，但硬是拼裝後看起來不合、整個漫畫節奏都亂掉了。條漫轉成一般漫畫要花很大的功夫，同樣的，一般漫畫轉成條漫也需要很大的力氣，兩者基本上是完全不一樣的媒介。

條漫在手機上的流通率往往比一般漫畫高，你有想過調整成這種形式嗎？

韓老闆曾說過，條漫需要條漫式的思考，但我已經習慣於一般漫畫式的思考，已定型、沒有辦法了。

與編輯、助手的合作與學習

編輯是如何協助你的創作？創作過程中是否有助手呢？

因為我的編輯是直接對老闆，玩梗的短篇比較重視個人色彩，或者是腦洞，所以短篇他會調整但也有限，但是《冥戰錄》他就會有很細的調整，像是台詞對白，就一直丟過來給我修，不斷往返、修來修去，《冥戰錄》裡面的民間信仰之類的，他也會幫忙查詢，提供一些關於道教的意見。

而我是今年(2017)四月才開始請助手。以前學徒制是要包吃包住，但現在的風氣已經不太適合學徒制了，所以我們的想法就是助手是單純是來上班的，至於助手工作上的適應狀況，是助手要配合我作調整，因為他們畫風原本跟我不一樣，要調整到跟我的風格不會差異太大才行。

前面提到學徒制實際上無法進行，那你覺得現在的漫畫家要用什麼方式來磨練自己？

畫風可以學、畫技可以練，但漫畫的商業性不是學別人的東西學得很像就好，而是玩出自己的特色。重要的是跟讀者對話、廣泛的交換意見，你可以根據回應，了解讀者想從你的漫畫裡面看到什麼、並且自我修正，慢慢走出屬於自己獨特的風格。

你自己一開始是怎麼學習分鏡的？

看電影。讀書時代學校旁邊的電影院很便宜，所以每個禮拜都會去看。因此我的分鏡跟其他作者不太一樣，其他作者分格比較活、我的分格相對比較制式。進行創作的時候，我會先用電影的分鏡方式思考，至於風格上沒有好壞的差別。

對自己作品的期許

你對於自己的創作有什麼嚴格的要求或是期許嗎？

比較嚴謹的作品就是《冥戰錄》，希望可以具有獨特性、成為台灣自成一格的代表漫畫。其他玩梗短篇類作品或多或少都有點實驗性。每一本的形式與嘗試都會不太一樣。

那你創作的速度如何呢？會因為沒有截稿日而拖延嗎？

完稿的話，我算一天兩頁，一周六天可以畫十二頁，然後留一天的時間來做緩衝。理想的方式是前面討論的時間慢慢縮短，把大綱分鏡搞定後就開始完稿。現在有工作室比較方便，我來這邊直接畫，有不對就直接改。至於截稿壓力，我們是自己設截稿日，而作者也需要稿費，一個月結算一次，每個月要有一定的頁數。

你的主要收入就是稿費嗎？還是有其他，例如版稅和授權、接合作案之類的？

對，就是稿費。版稅或者活動、遊戲授權也都有，可是最主要的收入還是稿費。

你的作品中有較多授權的應該就是《冥戰錄》吧？通常都是什麼形式的授權呢？

比較多的是手遊，最近也有電視劇，雖然漫畫迷都覺得真人版有點微妙，就連日本改編真人版的都很褒貶不一……但還是希望能有好成績。

是否有參與授權這一塊的討論？包括劇本的修改、詳細的合約等等？

目前都是韓老闆在跑這塊。我自己沒有時間監督整個劇本的修改，大都只看過大概。合作與授權的部分大多是韓老闆在處理的。有些合作案是韓老闆自己跑的，例如默娘成為西門動漫大使的合作；有些是別人找上門的，像是手遊的繪圖。至於台北燈會則是突然出現的。（笑）

默娘在台北燈會（2017）造成了轟動，有沒有什麼當時的趣聞可以分享呢？

當時在現場看到（默娘造型花燈的）全身時，跟我同行的朋友說我的眼神是死的。開光活動結束回家的時候，在噗浪跟FB上面自嘲說：「我也在台灣邪神史上留名了呢！」網友回應很踴躍，然後我留言說，有機會的話看可不可以上去改，後來主辦單位看到了我的留言，就問我要不要上去改，OK的話就讓我上去改，不然這個默娘像在網路上已經被罵翻了。那天上去改的時候我還有點感冒，說也奇怪，上去改完感冒也好了，可能因為站在上面流了一整天的汗吧。後來才知道活動主辦單位他們其實做得蠻趕的，這個案子到（2016）年底十二月才成案，不到兩個月內就要把所有活動的東西及內容都趕出來。

回到創作的部分，像《馬皇降臨》或是《霸海皇英》都是比較偏港漫的畫風，《冥戰錄》看起來則是比較像日漫畫風？

其實這很難講。在台灣，大家都以為《冥戰錄》風格偏日漫，但是真的拿去給日本人看，他一看就知道這不是日漫風格，日本編輯說《冥戰錄》已經自成一套台灣的漫畫語言。

什麼樣的畫風讓日本人覺得是台灣漫畫？

像作畫以及演繹的方式吧，有很多表現手法都不太一樣。

你認為《冥戰錄》成功的條件是什麼？

一開始會刺激讀者第一個反應的應該是角色設定——神明成為可愛的小女孩！這種化學反應激起的話題性比較大，如果今天默娘是大姐姐，迴響可能就沒有這麼大了。當角色設定吸引人後，讀者買了書，接下來就是內容決勝負，劇情、演出、設定都很重要；這個角色會有怎樣的表現、會遇到什麼樣有趣的事件、發生些什麼樣的狀況，有內容來支撐，這些後續才是《冥戰錄》能一直吸引人的原因。

在你的創作過程中，最大的瓶頸是什麼呢？

可能是當下想要表達某個主題，但我並沒能表達得很好。原因往往是因為作畫時間太趕，沒有時間好好思考。其他因素倒是還好。

對台灣漫畫創作整體的看法

你也算是同人場出身的，請問怎麼看待同人和商業兩種概念的界線？

現在同人商業的界線已經模糊了，因為現在出版社很喜歡去同人場挖作者。不過，有些同人作者被出版社挖過去，反而被要求畫一些比較熱門且不擅長的題材，但那些題材不是作者想要畫的，這種狀況會導致同人作者開始討厭商業。如果出版社去找同人作者畫商業，應該要以配合作者、以作者想畫的題材為主，另外，同人作者習慣用二十四頁、三十二頁說故事，因為同人誌的頁數比較少，但換成原創商業作者的話，他必須適應使用同樣的主題，以較多的頁數來建構故事。

當初進行商業創作的時候，是否也有遇過頁數要拉長的問題呢？是怎麼應對的？

這個問題就只能一邊畫一邊學、邊畫邊進行調整。在畫的過程中能夠學習到不少東西。畫長篇最主要的課題是必須有一定的銷量支撐來延續，不要第一集就被腰斬了，要想辦法讓大家期待下一集，而第一集賣得不好就很難有後續。

有沒有在進行粉絲的經營呢？

其實我一開始（FB）粉絲團人很少，因為最早主要活動區域在噗浪，所以剛開始的粉絲以噗浪使用者居多，後來開始使用粉絲團後，慢慢的也吸引不少人，逐漸地粉絲團人數超過了噗浪。不過相對於FB比較面向大眾，噗浪上面比較多是畫家跟創作者間的交流。

之前有進行過繪圖直播，但沒什麼人看，畢竟很無聊（笑）。就只是看我在上面畫圖，沒有麥克風所以也不會講話。

你對台灣整體的創作環境有什麼想法？

目前整體環境紙本實體漫畫在減少，但紙本還是大宗，畢竟目前台灣漫畫出版社最主要收入還是要靠紙本。我認為網路平台收費很難，因為台灣的生態被養成習慣看免費的。雖然日本漫畫在台灣市佔率大，不過台灣讀者對於看到自己有興趣、熱門的台灣原創作品也相當支持，從台灣的手遊、募資都可以看到這樣的狀況，所以如果有好的東西，台灣的讀者還是很樂意幫你買單的。

台灣的創作題材會不會有侷限？像是大家想到的題材會有限制？

舉例來說，《冥戰錄》紅了，可能多少會有類似題材的作品出現。這種情況難免會有，但對作者來說比較不利，因為畫類似題材很容易會被拿來比較。這種情況一定會有，而要繼續支撐下去，會很倚賴作者的風格，作者風格夠強烈，就能夠站得穩，有自己的一席之地。

附註

註1 韋宗成於 2000 年創立的網路漫畫發表平台。創作多種長短篇連環漫畫、四格漫畫以及真人漫畫，題材不拘，甚至有短片拍攝等等。

《冥戰錄》——韋宗成

九二一大地震後的台灣，神幻靈異事件在無人知曉的角落萌芽——少年陳柏戎的工作就是處理這些「事件」。而在某一天，陳柏戎與自稱林默娘的少女相遇了，與媽祖有著同樣名字的少女帶來了一連串的謎團，而這些謎團最終所指向的究竟是明燈？還是災禍的開始呢？——漫畫中除了耳熟能詳的神祇名諱，不時出現的台灣街景、食物也讓人會心一笑。

彭傑

——你讓一天變成四十八小時是不切實際的，速度變快兩倍就好了。

從小就對用圖像說故事感到著迷，求學期間利用課餘時間畫漫畫，並曾活躍於同人場。研究所畢業、考上建築師執照、當完兵之後，於二〇一〇年正式出版第一本單行本《STORY童話書裡的童話》；同年與稻垣理一郎合作的《KIBA&KIBA》於《週刊少年JUMP》第三十期發表。二〇一二年作品《方舟奇航》榮獲中國大陸的第九屆金龍獎「最佳少年漫畫獎」；同年於《週刊少年JUMP NEXT》發表《時間支配者》，並且於二〇一七年電視動畫化。二〇一四年，於《MANGABOX》（DeNA）開始連載《新宿D×D》（原作：安童夕馬）；二〇一七年，與奈栩合作於《MANGA UP！》（SQUAER-ENIX）上開始連載《想說我的現實是戀愛遊戲？結果是賭命的遊戲》。

成為漫畫家的個人歷程

請問你進入漫畫產業的契機和創作歷程？

一開始就跟大家一樣，從幼稚園的美術課開始畫畫。但我著迷的不是畫畫本身，而是用圖像講故事。小學時，我會把空白影印紙訂成一本來畫《小叮噹》的故事，有時候也會把班上同學畫進去，也會畫當時喜歡的東西，看到什麼就畫什麼，簡言之就是大雜燴。例如看了《星際大戰》的故事，就會在小叮噹裡面出現 X 戰機之類的。就這樣一路畫下去，但其實都還是以學業為主。

直到研究所畢業且退伍之後，二〇〇八年年底，我才正式進入漫畫圈、並把它當成職業，因為我父母是比較傳統的公務員，所以還是要跟他們交代很多東西。我滿自豪的是在選擇漫畫家這條路上沒有鬧過家庭戰爭。國中開始念升學學校，成績至上，升學學校會認為看漫畫的是壞孩子，但我那時候年輕氣盛，很討厭別人給我貼標籤，就花了很大的力氣在課業上，並在課餘時間畫漫畫，純粹只是想看大人們矛盾的模樣。

可是到後來必須面對的問題是：我成績越好，爸媽對我的期望就更高。比如說高中選組時，他們希望我考醫科，我心想不妙，如果選了第三類組就回不來了，後來選了第二類組。高三選科系時，我就選了一個跟畫畫有關係的科系，我是用溫水煮青蛙的手法，慢慢地讓父母對我的期望值降低，並且慢慢偏向漫畫這件事情。研究所那幾年我就封筆，把研究所念完、拿到建築師執照、還有服完兵役，等於完成了各項任務。到了二〇〇八年底，剛好那時候「友善文創」說日本有一些case，就問我有沒有意願接。

所以你在這之前就認識「友善文創」的王士豪[註1]先生？

對，我們是在同人場認識的。我大概二〇〇〇年左右就有在參與同人活動。那時候的筆名叫大蛇丸，有在同人場上出過本子，一直到二〇〇四年左右，然後二〇〇八、二〇〇九年出來又畫了一陣子，之後就轉職業了。

網路平台與雜誌的連載差異

請問你的出道作品？之後的作品陸續有什麼樣的發表呢？

我商業出道的作品應該是《STORY》，這部作品得了二〇〇九年新聞局的劇漫獎，得獎之後規定一定要出書，當時「角川」很阿莎力幫我出了書，至今也非常感謝他們。後來則是在中國大陸的《漫畫秀》雜誌上連載《方舟奇航》。《時間支配者》第一次則是二〇一二年在日本的《JUMP NEXT》上作為短篇作品公開，爾後也是在中國大陸的《漫畫行》上開了連載，並且在日本的《JUMP+》刊載。這中間也陸續有很多案子同時進行，也請大家期待更多的新作品。

網路平台的創作和雜誌連載方式有什麼樣的差別呢？

網路創作的話，如果是一頁頁翻的頁漫，我覺得是比較沒什麼差別，只是現在又有條漫就不太一樣。我會覺得比較有魄力、需要醞釀情緒的畫面還是由頁漫來表現比較好。條漫適合生活小品、有梗的東西，但是，中國大陸目前幾乎以彩色條漫為主流，而日本則都是看傳統頁漫比較多。我們是認為，未來的市場是中國大陸和日本兩邊都要兼顧，所以我之後的作品也在思索如何橫跨兩種格式來宣傳。但故事本身的內容會因應載體本身去改變它的形式。之後大家要是開始使用 google glass 開始看漫畫的話，是不是又會有新的形式出現呢？

所以我覺得無論如何要先把內容抓好，好的內容可以有各式各樣的形式，可以是頁漫也可以是條漫，但最主要還是要把握精神。現在紙本出版沒落，但是我認為內容永遠被需要，只是可能會改變其呈現方式罷了。

創意的來源

請問你漫畫作品的內容主要是以什麼為創作主題？創意來源又是來自何處？

每個時期有所不同。像早期同人的作品，創作靈感可能是來自於生活，例如有個作品就是根據我長期在台南唸書，騎摩托車上台北所遇到一些可怕事情的經歷改編的。就像前面說過，我想用圖像講故事，而不單單是畫畫而已，所以講故事一定要是自己親身經歷過，或者核心宗旨、基本概念是作者自己體悟的。而每個時期體悟的概念會不一樣。

像是《時間支配者》的主旨是家庭、親情和責任，這就是我把這幾年來生活和工作的體悟，寫進這個故事裡，還有就是對於標題中「時間」的概念，我也有很深的體會。大學要交設計作業時，很多同學都會抱怨時間不夠用、希望一天變成四十八小時。據我同學說，我當時脫口而出：「你讓一天變成四十八小時是不切實際的，速度變快兩倍就好了。」多年以後她告訴我時，我卻沒有印象，因為這對我來說是理所當然的（笑）。一天多一秒鐘不可能，但是可以讓自己速度變快。所以《時間支配者》裡主角的戰鬥方法就是變快和變慢。

而關於家庭、親情和責任，我也有一些感悟。因為我從小住校，和家庭的關係並不是那麼親密。雖然漫畫這條路他們有一點阻礙，但總的來說，他們還是很照顧我，對我來說，我還是很感謝他們，也想報答他們的養育之恩，所以《時間支配者》中的主角是一對父子，爸爸失去記憶，即使跟兒子沒那麼熟，但基於責任感必須要成為一個好爸爸。

而最近想要開的作品是以春秋戰國諸子百家為主的題材，但不是歷史漫畫。對我來說那個時代很有趣，諸子百家爭鳴，每一家都有自己的角色和個性，我覺得這對漫畫來說可以好好創作，因為漫畫需要的是展現不同的個性。我想講的是一個和力量有關的故事，在那個時代知識就是力量，現在這個時代要做什麼才能獲得力量呢？也剛好符合我現在想要往上走、想要獲得力量的心態。遇到的阻礙有可能來自自身，如何克服、克服時需要夥伴的協助，而我想把這些體現在作品上。

創作中的瓶頸與助力

瓶頸與助力

請問在這些漫畫創作的過程中，你曾經得到過其他人什麼幫助嗎？

其實滿多的。公司就幫助我很多。我從小到大不知不覺收到很多幫助，例如我之前的師父月藏老師幫我看分鏡看故事，教給我很多，讓我也覺得自己有義務要帶幾個徒弟出來，並建立一個系統或體制出來，然後把經驗和技術傳承下去。

這個系統或體制大概是什麼樣的模式呢？

比較像日本的模式，助手同時也是徒弟，等到助手出道的時候，他也可以用我們助手的資源，我也會從旁指導如何完稿，並將這個傳承下去。漫畫這一行需要在前線和師傅一起戰鬥才能有收穫的，那個不是上課就能學到的知識。

日本漫畫體系非常龐雜，因為他們不光漫畫家，編輯也是這樣老人帶新人，讓資源可以傳承，少了很多自己從頭開始摸索所需要的時間，還有我覺得需要主動跟老師學習，而不是老師教什麼就學什麼。

請問《時間支配者》創作時，有預設特定的對象讀者嗎？

其實會有一些年齡層上的設定，畢竟我畫的是少年漫畫的作品，所以大概年齡層設定為國高中左右。但再細一點的設定，《時間支配者》是設定為正統王道漫畫，但因為有兩個男主角，所以老是會被歸類於偏女性向！（笑）

你遇過什麼樣的創作瓶頸？

早期會出現有個想法但無法畫成具體故事的苦惱，但現在技法成熟後，比較少這樣的困擾。

現在的困擾反而是因為大部分的連載在中國大陸和日本，所以很難得到讀者的反饋，很長一段時間我畫的東西都不知道讀者是不是覺得好看，不過後來都有得到好的回應。如果是畫時事梗的，放到FB上就會一片按讚反饋很快，但很快就會被時間遺忘，而我們想要做的是，無論回頭看多少次都覺得有趣的故事，相對耗費的精力和難度很高，這個也需要讀者感情的醞釀。有時候我不知道自己的作品畫出來是不是好的，只能靠自己的專業和編輯的能力來判斷。

以前網路不發達的時候都靠讀者回函，但現在網路越來越發達，資訊越來越複雜，真相是越來越難看到。如何從這麼多網路線索中取得比較客觀的現象，對我來說是蠻大的課題，但我覺得也不用想太多，把自己認為好的東西做好，專業團隊也認同就好了。還有一個是我對這個題材的愛，所以今天無論會不會受歡迎，我還是要畫好，這也是最主要的原因。

你和編輯的互動模式是什麼樣呢？

我們的作品會有複數編輯的存在，作品有在日本連載，所以日本會有一個責任編輯，然後在「友善文創」當然也有我們自己的編輯。台灣編輯會幫忙和日本「集英社」的編輯溝通，有時候日本方面的編輯會有一些建議或觀點與我們的想法衝突，這時候台灣的編輯就要幫忙斡旋。我們家的編輯常常在做一些編輯以外的事情，例如戰略策劃、尋找合作機會之類的，像是在二〇一一年三一一大地震之後，有將近半年的時間沒辦法和日本方面的編輯溝通，所以我們就去中國大陸找到「漫友雜誌社」刊登《方舟奇航》。就是說，創作以內的瓶頸我覺得反而容易克服，只要夠努力就好，但我們遇到的大部分是與創作無關的業界和實務問題，這些是跟創作無關的。

作品編輯都需要日台兩方的溝通，那麼像是漫畫的動畫化和周邊等的授權，又是如何進行的呢？

這問題超複雜的。簡單講，《時間支配者》的動畫製作是完全按照日本的模式，首先需要一個製作委員會，動畫的相關權利由製作委員會來管理。製作委員會會先找動畫的製作小組，然後決定製作人、幹事企業，需要管理各種雜事，例如要去管理現金流、去找動畫的製作公司、找哪個監督、腳本、聲優，甚至是周邊商品授權、動畫影片的授權處理。我們「友善文創」這邊算是監修，所以動畫衍生周邊的授權是從製作委員會，而不是從我們這裡出去的，即使是同一個作品，動畫周邊和漫畫周邊是完全不一樣的，這比較複雜一些。那至於我漫畫作品的版權則是「友善文創」這邊在管理的，像我們這樣的模式比較特別，改編成動畫的時候我們理論上有監修權，但是具體要視合約而定。

同人與商業的比較

你出道前也曾經參加過同人場，你對同人與商業兩者漫畫場域有什麼看法？

同人比較自由，因為沒有編輯在管你，想畫什麼就畫什麼，至於我想做商業是因為想要挑戰，想要在有限制的地方也可以很自由地畫。在商業漫畫部分我現在已經漸漸有一些自由，但還是有一些最基本的限制，比如不能讓漫畫裡的主角罵髒話之類的，少年漫畫男主角就是最難設計的，幾乎不能有抽煙、喝酒、嚼檳榔等不良嗜好。畫商業漫畫的時候會有很多考量，這些就是我要去克服的條件。

你從同人進入到商業這中間的轉折，是否有遇到些什麼門檻？

第一個門檻就是經濟，像我當初學生時代畫同人算是小有成績，出一本三十幾頁可以賺個好幾萬塊，所以對很多同人畫家來說，轉商業最大的挑戰之一就是經濟壓力，要面對出版社的退稿，拿到的稿費可能還沒有同人時期賺的錢多。但是我認為這兩者沒有什麼優劣之分，只是個人的選擇。我認為同人界是一個必須的存在，是一個像遊樂場一樣快樂的地方，當興趣變成職業的時候就有很多的辛苦要去克服，不會是很純粹的，所以我覺得這兩個是不同性質的地方不能拿來比較。

但是我個人比較感慨的是現在的同人太商業化了，以前的同人是喜歡一個作品畫它的衍生，然後印成書和同好交換，剩下的賣掉勉強填補影印費，雖然沒什麼收入但是大家很開心，但是現在越來越多商業元素介入，很多同人畫東西都是為了賺錢，你可以看出他對作品是沒有愛的，只是現在紅什麼畫什麼，有點變質了。當然為愛而畫的人還是有，作者是不是對這個題材有愛還是看得出來。

你對於台灣整體原創環境有什麼看法？

嗯，每次問到這個問題都要超級小心，因為有很多不能說的事情。我就分為幾個面向來談。

以創作者的視角來看，現在市場已經不能侷限在台灣，要放眼世界市場。各地都有一展長才的地方。台灣有很多連載平台，像是 Comico、LINE WEBTOON 等等都已經不是完全台灣本土的東西。

而至於整個台灣漫畫市場，單純從傳統紙本來看的話似乎慘淡到不行，但是消費力依然是存在的，只是被轉移到了其他地方，像是手遊和周邊商品等等。所以我們公司也經常在思考，如果要做一個新的作品，要如何和其他的行業進行串聯。所以未來的市場亦喜亦憂，憂的是紙本漫畫賣不動，不能像以前一樣只出版書賺版稅，喜則是說現在是個動蕩的時代，危機就是轉機，到處都有合作機會，這也多虧了網路普及和世界扁平化的影響。

至於人才，台灣最愛講的是「台灣不是沒人才只是被埋沒了」之類的話，但我想說的是全世界各地都有人才，當世界扁平化，市場是全世界的時候，你要競爭的對象就是全世界的人才，那要如何與他們競爭呢？台灣確實有人才，像是故事創作的 sense 上還是比較優秀的，但我覺得這個優勢不一定會永久維持。

現在出現了很多自媒體和自費出版，很多出版不再透過出版團體。我覺得這是好事也是壞事。自費出版的好處是可以自己編輯，不用被出版社或通路抽成，也沒有連載作品數量的限制，刊載平台的門檻也大大降低，這是有利的。但是結果就是競爭越來越激烈，如何要讓自己的東西被看到？速食文化的時代，免費送到面前的東西都不見得會打開來看，到最後還是掌握通路、具有可見度和曝光度的人是贏家，廝殺到最後可能還是握有資源或資本的一方獲勝。

以前漫畫還賣得動的時候，就算沒有異業合作也能賣得下去，但現在單靠賣書過活是越來越辛苦的，連在漫畫大國日本亦然。但我覺得是一體兩面的，漫畫入門的門檻降低後，有洪水一般的資訊和可能性湧過來，加上現在很多業界都想來和漫畫參一腳，所以和其他業界結合的機會也變多。所以我會覺得這是一個正在洗牌的時代，大家都在找方法，尋找漫畫產業在新時代下的型態，最後會重新洗出新的階級，穩定下來，等待下一次的動盪。人類歷史也就是這樣重複的。

附註

註1 友善文創總經理，於2007年成立友善文創。

《時間支配者》——彭傑

人因為後悔產生的慾望會吸引以吞噬時間為生的怪物「計」，而能夠與之對抗的則是能夠操控時間的時間支配者們。被「計」吞噬過去的維克托，和自己的搭（兒）檔（子）霧為了奪回時間而一起戰鬥。

新穎的設定題材，日式畫風和戰鬥場面，為台灣作品國際化的嘗試之一。

蠢羊、花栗鼠

（羊寧欣）

——做議題如果只是在圈子裡面、或是職業裡面打轉，是沒有辦法造成任何影響力的。

蠢羊（羊寧欣）

美術系畢業，最早為同人創作者，二〇一一年投稿至東立正式出道。由二〇一四年發生的社會運動事件做為啟發，開始著手規劃《火人 FEUERWEHR》的連載。創作議題漫畫的初衷是希望能為無法發聲的人出聲。

共同作品：《火人》、《菜比巴警鴿成長日記》。

花栗鼠

畢業於中文系，「蠢羊與奇怪生物」的奇怪生物之一，一開始只是蠢羊的室友。專長與興趣都是談生意，也喜歡接一些很困難的案子。對社會議題採取模糊的態度，以協助蠢羊了解大眾是否看得懂漫畫所想表達的概念。

漫畫作為傳達社會議題的工具

請問妳進入漫畫產業的契機和創作歷程？

羊寧欣（以下簡稱羊）：

想當初，我的第一個編輯叫我畫王道的故事，但是第一集就被腰斬了！所以我也不太知道自己想畫的是什麼。其實我的興趣偏社會寫實，喜歡描寫人性的東西，但編輯說那種漫畫賣不好。後來載浮載沉尋找著題材的過程中，發生了三一八學運[註1]，那時就了解到我對社會運動比較有興趣，如果可以把它用畫筆記錄下來，感覺是很有意義的一件事。這樣做的確有辦法改變一些事情或者是傳達知識，但問題是我要畫什麼呢？我對這個社會並沒有太大的了解，而且似乎這類議題已經有很多人開始在畫了。

後來，會用鴿子造型開始創作的契機，則是因為三二四行政院警察衝突[註2]時，我也在現場。我開始用畫筆去記錄一些社會議題，像是陳為廷[註3]抗議又被（警察）抬走了，我就試著畫一些警察和鴿子的東西，因為警徽的圖案就是一隻鴿子——眼神呆滯的鴿子。後來發生了八一氣爆[註4]，我去了現場看到沒有什麼人聲援或關注，那時就覺得我要幫這些看不到、沒有聲音或是刻意被媒體消音的人。我要來畫畫看，看看漫畫是不是能夠把這些人的聲音提升到檯面上。《火人》就是針對這件事情的一件實驗，看能不能夠把這種議題賣出去。

是藉由怎樣的契機成為漫畫家的呢？

花栗鼠（以下簡稱花）：

最一開始創作其實就是同人起家。我們認識其實是高中時，她（蠢羊）寫同人小說，然後我就想說「哇靠！這個大大好厲害！」，就加即時通成為網友。之後我們會一起參加同人場，後來她就說她想當漫畫家。

羊：我發現我可以用畫畫獲得收入之後，我就想當漫畫家了。

是指在同人場擺攤的收入嗎？

羊：對，而且你可以賣一些小周邊、小飾品。

花：我們其實對這個產業一點也不熟，因為就只是兩個大學生嘛。那時候也沒有什麼比賽，我們就做了一件蠢事：直接畫一畫把作品拿去投稿。

羊：其實好像是因為我看到（比賽活動）的時候已經剩下很短的時間了，我就直接打電話去問對方能不能直接投稿，然後就被約過去了。因為畫工還可以，就被抓去培訓了，就開始奇怪的漫畫家生活，算是這樣就開始的。

為警消人員發聲的社會實驗

決定畫《火人》之前是先用同人的形式進行連載嗎？

花：《火人》一開始就是原創。不過如果指的是靠自己經營這件事的話，確實是這樣沒錯，因為一開始是在粉絲專頁畫鴿子。

羊：但還是有消防員堅持說，妳畫消防員就是消防員同人啊！學運之後我先畫了一些政治時事人物，像是一些意見領袖，林飛帆、陳為廷之類的可愛Q版、或是臉書的日常互動。

花：然後粉專開始漸漸有一些人，她（蠢羊）就決定要畫《火人》。和出版社提案後，我們認為粉專這邊可以走鴿子路線來吸引一些粉絲；《火人》這邊就是定期的交稿，兩者是同時進行的。

羊：我在決定畫這個的時候，就已經設立好目標了——我想要實驗看看，要怎麼賣掉這麼硬的議題，並且可以賣多好，如果這麼硬的東西我都賣得掉，那我可能會找到我真正想做的事情，所以當初有設這個目標。

在進行《火人》的創作時，有遇到很難賣、或是很難推廣出去的困境嗎？

羊：（困境）就是「我要幫警察跟消防員組工會」，要怎麼把這個理念賣出去？首先，組工會這議題，一般人會認為「沒有用啊！勞方才不會罷工呢」，一般民眾對工會的想像只有罷工，更何況要幫警察跟消防員組（工會）——他們是公務員耶！所以一開始就會遇到很多挫折，包括要怎麼把這些東西軟化、畫得很可愛，讓讀者可以接受，這些都是我給自己的課題。

花：就我來說，我對這個議題其實一點都不了解，我現在也刻意保持不太了解的距離，就是當一個凡人。如此一來，無論她畫了什麼東西，她就會問我妳這樣看不看得懂？做議題如果只是在圈子裡面、或是職業裡面打轉，是沒有辦法造成任何影響力的，所以我們要做的是把艱深的東西變得好懂、把無趣的東西變得有趣，讓一般人也看得懂。《火人》或是鴿系列其實就是這樣的嘗試。

對於這樣的實驗有什麼心得嗎？

羊：人們的耐心有限。人們對一個議題的耐心最多就兩年吧，而且它需要犧牲才能加油添醋、需要人命的犧牲才能繼續加柴火燒下去。我覺得這樣不太好。

花：它也不可能有一個結局。第三集就是畫新屋大火[註5]，有一名警察殉職。

羊：我們才開始做沒多久就又死了一堆人，於是就把這件事情當成結局。其實會有種我們是在賺災難財的感覺。

花：有時候確實會有這樣的心情，但有次簽書會發生了一件讓我印象很深刻的事情，有個媽媽帶著一個大概六、七歲的小朋友來，告訴我們這個妹妹長大想要當警察。

羊：所以那個媽媽買了這本書給她看。

花：讓她知道社會的殘酷！我們那時就想說，真的沒有問題嗎？這位媽媽，漫畫裡面有畫屍體耶，我們那時候還畫了一隻巴仔給她，妹妹就說以後要跟巴仔當朋友。我們也常收到一些私訊說：多虧你們，看了你們的作品後決定去當消防員了！我心想，呃？真的嗎？

這樣的作品在警消圈有沒有什麼回響呢？

羊：老的一輩還好，年輕的一輩——特別是在校的——幾乎都會知道我們的存在，也都會看一下作品。

花：我這次在（同人）場次有遇到消防員過來跟我說，他們同屆、年輕的其實都有在看。

羊：雖然我們不期待改變現狀。這個（改變現狀）是要給協會去做的，分工要很清楚。漫畫家的責任不是改變社會，就像我一開始說的；為什麼我要加入？是因為我要讓大家知道這件事情。至於改變體制，是那些真的擁有權力或是擁有協商權力的人需要去做的。

有沒有相關團體的協力？

花：我們跟警工推[註6]和消權會[註7]是種互相合作的關係。

羊：就是我幫他們提高網路聲量，讓大家知道「有這樣的協會在為消防員和警察努力，大家可以去加入或是捐款喔」這樣子。我只是負責大聲疾呼而已。

奇怪生物們對作品的幫助

作品中曾提到妳們為了題材而出國考察過，可以分享一下那時候的經驗嗎？

花：那時候我本來是要去英國打工度假啦，剛好經過警局，我就問蠢羊：「有警局耶，要不要去取材？」，她就回我說：「妳進得去就去啊。」我進去後卻被告知不能取材，但消防隊可以，我就到了消防隊，但因為我也是第一次、還很突發的進行訪談，導致我根本不知道要問什麼問題。後來就簡單的問，像是一個禮拜工作幾天、一天工作多久、一次輪班上多久？

我們就把這些問題的回答貼到粉專，沒想到深受消防人員喜愛，當時消權會副理事長還特別整理了一份問題給我們。我就問副理事長，這些問題套用在台灣是什麼樣的情況，我才知道台灣消防員要工作一百個小時（指一週工時，參考《火人》第二集），那時候我想說一百多小時也還好啊，做一休一，工作一天可以休息一天耶。後來問了國外的消防員，對方說他們是工作一天休息兩天，我才發現原來台灣的問題這麼多。以前會覺得這些並不是問題、並沒有什麼好在意的，一定要比較之後才會發現，原來這些就是台灣的問題，而且問題並不少。最近一次則是去西班牙，那時候ＦＢ有直播的功能，於是就在國外開直播徵求想問的問題。

羊：當時就是請我們的讀者粉絲留言提問，花栗鼠翻譯給消防員聽，回答完之後再把回答翻譯給觀眾。

花：我們其實一開始都只是覺得好玩，後來發現這可能是另外一個突破口。我們一直在島內，認為公務員已經過得很舒服了，所以你一定要拿國外活生生的案例去刺激他們。很多人會認為國情不同，但如果我們沒有去訪問國外的消防員，你可能連認知「國情不同」的機會都沒有。

用漫畫家（個人）的取材名義，對方都很樂意接受嗎？

羊：全世界的消防局都一樣，打開門就跟你說：「跟你們說喔，我們這邊……」

花：其實歐洲是很重視藝術工作者的。只要把書拿出來，他們就會「哇！這是MANGA（日本漫畫）嗎？」

出版社的編輯有給予妳們哪些幫助？

羊：我們都是自己安排故事，編輯只會建議分鏡和節奏的部分，畢竟這其實算是我第一本原創本，而且這個題材很硬，編輯就是負責如何讓故事比較活，不要那麼的說教，雖然它還是很說教。

「時報」跟「東立」兩個出版社在處裡漫畫作品上有什麼差別嗎？

羊：完全不一樣。「時報」比較像是在處理圖文書啦。像是我之前拖稿很久：原本說好截稿日，但因為我同時還有正職在沃草[註8]、要經營網路、《火人》的連載、在ＦＦ那邊也有委託，每天都過著早出晚歸的生活，於是就拖稿了。我們跟「時報」是用LINE群組連絡，先決定大綱、出版日，他們都會幫你規劃得很詳細，不過他會看個人完成狀況，像他看我太忙了，「妳好像快死了，那我們就主動幫妳延期吧」我第一次被主動延期就覺得好挫折，因為我以前是那種會在截稿日一個禮拜前交稿的人。

花：說情況不同是因為「東立」有連載，「時報」沒有。「東立」的支付方法就是畫一話，給你稿費，出版就給你版稅。「東立」的缺點是它的通路沒有一般通路這麼多，大多銷到便利屋，但現在漫畫便利屋也越來越少了，所以他們的量相對的比較保守，印刷量就不會那麼多。「時報」就是一般的出版社，你稿子弄好交給他，雖然只算版稅，但「時報」的通路比較廣，所以賣得比較多，就是到處都看得到，也不用擔心買不到。

花：之前宣傳時，「東立」請巴哈姆特幫我做一個受訪網頁，但這就是一個很窄的宅族群，加上通路和媒體曝光度，就只能在台灣漫畫的圈子裡曝光，可是台灣人看台灣漫畫的本來就很少了。然而，我們當初出警鴿本時，「時報」的編輯會幫你找行銷，行銷會告訴你：「這本書要出書了，所以要來排好排程。」像是幾號上電台、幾號某報紙要訪問你，會幫你安排得很完善。另外，我覺得閱讀習慣改變了，所以創作者的出路也必須要改變。

剛剛提到在沃草有正職？

羊：我在那邊當美編，因為我覺得那裡對我的議題有幫助，就去面試了。現在還有繼續，因為只畫漫畫養不活自己啊。

藉由作品想帶給讀者些什麼？

羊：想藉由作品帶給讀者另外一個他們不理解的世界，漫畫打開來就是一個新的世界。雖說隔行如隔山，但是打開這本書，你可以理解一個你未曾接觸過的職業，了解到實際上這個職業是這樣的。你想像的公務員也許是在辦公室裡吹冷氣，但《火人》或是《警鴿》裡面的公務員，卻是站在最前線、是被衝撞、被罵甚至是被犧牲的一群。我希望用漫畫呈現一些真實的事件，並使用較趣味的方式來使讀者接受他們，我就是盡量把這些東西呈現給讀者看，就像一座橋。《火人》的意義是這樣。

妳們認為自己作品最大的特色是什麼？

羊：說教吧？還滿多風格的。

花：既不日系、也不美系、也不台系吧？自成一格？

羊：我覺得不用特別去強調是台系、美系或日系，只要畫到台灣有出現的狀況，就是台灣的東西，這是後來才體悟到的。

如果要用《火人》來講特色的話就是議題，以議題為主體而不是故事為主體。

未來目標與期許的

接下來有什麼目標？

羊：棒球，棒棒跟球球！我要畫台灣的歷史、體育班的教育或是各種的地方故事；我要把那些偉人畫成球隊的角色，用各個地方的球隊來說故事。譬如說台南一個球隊、台中一個球隊，一個球隊就代表地方的一個故事，用故事去包裝地方歷史。當然東部也會有球隊，就是一些原住民或是傳教士的事情。像我這次選的地點就在台中：林家的故事，霧峰林家、林獻堂做過什麼事，還有地方的一些角頭大大、台中慶記之類的。我要講的是打棒球的故事、是每個地方的文化與飲食。棒球隊打完比賽就是去逛夜市、觀光，我想用棒球這個東西去包裝台灣的歷史和文化。

花：畢竟《火人》還是太說教了。

羊：我還是想講一些嚴肅的，例如體育班制度的問題、偏鄉的資源不集中、資源被掠奪的問題。棒球是有政治因素的：為什麼會變成所謂的「國球」、為什麼只能用「中華隊」？這些我都會去討論。但這部作品是很劇情、故事性的。

在同人作品與商業作品上，妳會有不一樣的呈現嗎？

羊：以前會想要試著找看看什麼題材可以賣，是愛情的？搞笑的？還是日常本？後來我覺得我比較適合搞笑本，像是一些無厘頭、腦洞之類的故事。可是現在我覺得不管是出同人還是商業，會想把我沒講完的故事講完就好，像是我接下來要出一本《火人》的同人本。現在跟以前已經不同了，是階段性的問題。

對於台灣整體的創作環境有什麼樣的想法？

羊：主要是前面因為漫畫審查制，讓台灣漫畫有嚴重的斷層，還有漫畫家因為這樣入獄。其實，我們（這一代的漫畫家）像是沒有過去，（劉興欽的）《大嬸婆》那時代又太古早了，他是台灣人記得住的最大手，接下來沒有其他夠大的手來撐這個，而我們新的漫畫家卻要背負著這段空白及罵名：「台灣沒有台灣漫畫都是你們害的」、「你們現在出來，那麼年輕，什麼都扛不起來」。這是一個很大的斷層，也是我們面臨的一個很大的問題。我想應該要有夠多的人出來畫，不管是台灣的題材或是原創題材，他要把自己經營得夠有名、作品要夠成功才行。

我自己未來目標想要畫棒球漫畫，也是因為棒球的基底夠大。它如果夠紅，立刻就會有職棒的商業利潤，要進行合作也是非常容易。我會把它寫成一個非常容易合作的題材，我想要以這個目標來畫未來的作品。

我覺得台灣不缺人才，缺的是舞台，還有經營自己的能力，像我有一個朋友（花栗鼠）可以幫我經營公關或是商業合作，但一般人是沒有的。學校美術班的正規課程只教我怎麼成為畫匠、怎麼做好作品、怎麼創作，沒有教我們經紀的課程，我也有幸自己去選到一個策展、賣畫的課程，但正規課程並沒有教授這個。

台灣漫畫還有一個很大的挑戰是只看免費，而漫畫家不習慣免費刊登自己的作品。我覺得這些都是很大的問題。

花：商品化或是授權在日本或歐美都是很成熟的，但台灣的創作者對於商品化是不習慣的，譬如說宗成也是好好畫他的漫畫，有「未來數位」幫他處理商品化的部分。其他的創作者，譬如米奇鰻，是擺攤起家、一開始就有商業頭腦規劃，剩下的創作者就是好好的交稿、出書，因為通路問題，大家看不到書，就沒有市場，沒有市場就沒有必要出周邊。這就是一種惡性循環。在這陣子注意到商品化這件事的先驅，我覺得應該是高捷少女，它是一個ＩＰ、一個形象，然後出周邊，周邊用可怕的方式蔓延，讓大家都看得到它。相對地，台灣的圖文作家對於怎麼把自己的圖變成錢是很有概念的，反而是漫畫家，觀念還停留在漫畫是一種藝術品。

附註

註1 又稱太陽花學運、佔領國會事件，是指2014年3月18日至4月10日間，台灣部分大學生與公民團體共同佔領立法院的社會運動事件。

註2 2014年3月23日晚間至3月24日凌晨，在行政院以及周遭道路所發生的民眾抗議、試圖佔領行政院以及警方暴力驅逐事件。

註3 學生運動與社會運動人士，太陽花學運領袖之一。

註4 又稱2014高雄氣爆事件。2014年7月31日晚間到8月1日凌晨在高雄發生的大規模連環氣爆事件，造成高雄前鎮區、苓雅區多條重要道路損毀，32人死亡，321人受傷，周邊店家亦遭嚴重波及。高雄市啟動大量傷病患機制，中央與各縣市消防員亦大量出動前往支援。

註5 新屋保齡球館火災，發生在2015年1月20日凌晨2時，桃園市新屋區中興北路101號「新屋保齡球館」的火災，桃園市政府消防局緊急派出84人搶救；未料，2時52分，鐵皮鋼架的2層樓建築因發生閃燃，突然燒塌，造成6名消防隊員逃生不及、英勇殉職。

註6 警工推，全名為「台灣警察工作權益推動協會」。太陽花學運之後警察組織「警察工會推動會」，以推動修改工會法、讓警察組工會為目的，並於2014年八月於內政部獲准登記為人民團體，即為「警工推」。

註7 消權會，全名為「社團法人中華民國消防員工作權益促進會」，於2013年成立，是一個由台灣基層消防員組織的全國性非營利社會團體，旨在保障基層消防員勞動權益、提升消防員勞動意識。

註8 沃草有限公司（Watchout co.），標榜以社會企業形態經營及「亞洲第一個監督政府運作的獨立網路平台」。

《火人》——蠢羊、花栗鼠

羊寧欣（蠢羊）以及韓璟（花栗鼠）共同創作的《火人》對於消防員的日常、工作內容與勞動處境有具體詳細的描述。作品中的主角立安倫因幼時的經歷而決心成為消防員，但在「打火英雄」致力救人的背後，其實也面臨著許多問題——身心健康、超時工作還有職務上不合理的要求等等。《火人》並非是一篇歌功頌德的英雄故事，而是敘述著平凡的英雄如何在名為日常的舞台，默默拯救世界的故事。

隨著數位科技的發展，全球的紙本出版都有逐漸萎縮的趨勢，面對這樣的環境，台灣原創漫畫產業的中堅力量——編輯們也開始做出自己的行動與改變。本單元通過訪問多位資深編輯們，觀察台灣原創漫畫產業中兩件事的變化：一是編輯和創作者之間的互動因應載體媒介而改變，二是編輯在這樣的環境之中如何應對市場變化。

「大辣出版」的黃健和致力於將旗下的台灣原創作者推向歐洲及世界的漫畫市場，也在各個國際漫畫節上取得了斐然的成績；曾在「東立」和「角川」有豐富經歷的陳正益，長年的經驗累積讓他對於漫畫市場的過去與現在，有著自身獨特的觀察與分析；「尖端」的原創漫畫出版編輯們則是通過跨部門的合作，共同推廣旗下作品的ＩＰ行銷；「蓋亞文化」對於本土題材國人漫畫的出版則有顯著的貢獻；至於「日更計劃」的主編楊季叡則指出，擴大作品曝光率進而經營ＩＰ改編才是該計畫的真正目標。

在訪談中我們發現，許多業界的創新其實來自於編輯的努力，所以編輯也是原創漫畫產業中重要的組成部分，不能忽視。

編輯

黃健和

——基本上台灣的創作者

擺在國際舞臺上是沒有問題的，

只是你如何面對走向，

接下來就是數字可不可以穩定。

一九八九年至一九九七年在時報出版擔任《星期漫畫》編輯以及《HIGH》漫畫雜誌總編。曾策劃《腦筋急轉彎》系列，擔任林政德《YOUNG GUNS》的編輯和編劇。現任以漫畫和兩性為主題的大辣出版總經理兼總編輯，也在實踐大學開授漫畫創作的課程。

「大辣出版」的台灣原創漫畫方向

請問「大辣」的主要出版內容？以及你在漫畫編輯方面的經歷與觀察？

「大辣」成立於二〇〇三年，是「大塊文化」的子公司。「大塊文化」出版的涵蓋面較廣，一年出版的書大概在六十至七十本之間。「大辣出版」一開始只專心做兩性和漫畫的部分，所以我們出版了很多兩性議題的書，包括《性愛聖經》、《搞定男人》、《搞定女人》等。

我本身從事漫畫工作很久，大概從一九八九年就開始，那時候在「時報出版」參與過兩本漫畫雜誌，一本是《星期漫畫》，一本是《HIGH》。《HIGH》是在一九九五年到一九九七年間，屬於偏青年向、成人向的漫畫雜誌。

二〇〇三年時，認為日系台灣漫畫的運作思考已經到了尾聲。台灣的漫畫運作思考就是一路跟隨著日本的漫畫系統，但是都跟跟蹌蹌的，只看到一些沒看到全部，上世紀九〇年代才有一些成績，但是卻沒有留下很多叫得出名字的漫畫家。由於我一直對漫畫很有興趣，包括引進歐洲漫畫。而後來剛好到了一個時間點，自己與台灣都進入「馬拉松熱」的年代，所以確定了這件事是應該要做的，就開始慢慢嘗試。

最初的定位就是要做「歐洲—本土」雙向的事情，把歐美的漫畫引進來，並且把台灣的漫畫推出去，所以一開始就會讓漫畫去國外參展。我們在歐洲漫畫引進的類別上，包括有文學性、科幻性，甚至是情色的作品。而我們現在推出去的、合作的台灣作者沒有很多，主要集中在幾個人，包括鄭問[註1]、麥人杰[註2]、小莊[註3]，最近年輕的創作者則有61Chi[註4]、水晶孔[註5]等。我們大概一年的出書數量在十二本之內，漫畫大概有六到八本，此外也有做一些跨界的活動，包括和香港、紐西蘭、羅浮宮等的合作。

台灣漫畫要推國際版權這件事會有什麼困難嗎？

漫畫國際版權這件事說難好像很難，但實際要做的話也沒有到非常困難，就是你看好了作者本來就有走出台灣的可能性。國際化的好處是能讓更多的創作者有機會登上國際舞臺，而我們合作的作者都很有個人風格，所以這些都是很好推動。像小莊的作品已經有法國、德國、現在在談義大利的版權，水晶孔的是最快的，現在已經有法文、義大利文、韓文的版權。基本上台灣的創作者擺在國際舞臺上是沒有問題的，只是你如何面對走向，接下來就是數字可不可以穩定。

之前我在「時報出版」當漫畫編輯，需要填寫再版單，所以知道有好幾位漫畫作者，都曾創下銷售二十萬本的紀錄，像是鄭問的《刺客列傳》、蔡志忠的《莊子說》與《老子說》、朱德庸《雙響炮》、蕭言中《童話短路》等等。進入這個世紀以來，在二〇一〇年之前，書籍要達到五千本算是比較容易的，但在二〇一〇年以後，五千本都是一個很大的門檻，銷量不斷下降，甚至和同人場的數字逐漸趨近。

為什麼二〇〇〇年到二〇一〇年的漫畫會呈現幾乎是整個沉寂的狀態呢？

那和整個世界格局有關。日本漫畫為什麼衰敗？老一代的創作人才差不多在那個時候結束了他們的創作生涯。《七龍珠》等這些長篇作品的作者他們大概都在一九九七、一九九八年完結，《少年週刊 JUMP》那個時候直接從六百萬跌到三百萬、兩百萬，那些最優秀作品的結束而又沒有替代，加上網路興起，就整個衰退下來了。而台灣都跟著日本走，台灣九〇年代可以跟日漫ＰＫ的作者也沒那麼多，日本的漫畫衰退也代表台灣的漫畫產業會跟著衰退。台灣最強的時候光漫畫雜誌就有三、四十本，二〇〇〇年以後就一本本收了。

將台灣漫畫推廣到歐洲

這些有國際版權的作品銷量如何？台灣作者在歐洲的反應如何呢？

書的起印量在兩千至三千本左右，現在為止還沒有哪個作者在歐洲知名度已經很高。從台灣原創作品要跨界成功本來就不太容易，光是台灣電影都很難了，但是在小眾群體中建立起名聲是有機會的。接下來可能是跨界、和不同的單位進行合作，或者是跟當地編劇的合作，這些事情在國外都行之有年。

在歐洲是用什麼樣的行銷方式推廣台灣漫畫呢？

一般是用參展的方式，授權出去之後的行銷都是由當地的出版社在負責。舉例來說，我們最近剛出一本講環法自行車賽的書（《夏日車魂：環法賽百年傳奇》），我們前幾天才邀約作者來演講，這幾天賣了幾百本，我覺得是還算愉快的合作。我們的作者現在也會被邀約去演講，像小莊前年去法國、今年去德國，水晶孔接下來大概會去日內瓦漫畫節，因為簽書的是瑞士的法文出版社，便邀請了她。而我們覺得這樣讓作者去現身說法的狀態是好的。

你剛剛提到，新生代裡面水晶孔的國外版權推得很快，這是有什麼原因嗎？

她是一個基本上與同人圈無關、一開始就用國際化敘事方式的作者，她的臉書粉絲頁上將近三分之一到一半是外國朋友。年輕族群的思考邏輯很特別，她一開始就是做動畫，然後把動畫的分格畫成漫畫。她是實踐媒傳系的，在做動畫學期作業的同時，也在上我的漫畫創作課，到大四的時候跟我說她有故事要說、想要畫漫畫，我就請她先整理出方向。而她就先把動畫做完，然後把動畫的鏡頭拆分改成漫畫，她的作品中沒有使用到對話框，是很容易跨越語言障礙的作品。

你們合作的作者們一開始都是怎麼聯繫到的呢？

鄭問、麥人杰、小莊都是很久以前在「時報」出版時期就有合作。61Chi是標準的同人場作者，她二〇一二年去了安古蘭展，看到歐洲漫畫的運作後大受震撼，大概被廢了武功兩年，去重新整理自己的思維。同人作者都有一些障礙門檻，就是從十七、八歲做到二十五、六歲後，就要去思考這個事情可不可以做一輩子，她其實算是較早遇到這個問題。有些人可以在同人場裡找到另外的運作方式，有的人則覺得不太能適應，61Chi也是在找一個平衡點的狀態。她回來後有幾個需要了解的面向，我就建議她不要思考得太複雜，做自己想做的，比如說她是一個來到台北的高雄人——光這件事就可以畫成作品，所以她筆下的台北公寓還滿迷人的。《房間》就是在這樣聊的時候做出來的。

究竟同人創作者會面臨什麼樣的障礙門檻呢？

同人場太甜美、太過於市場化，作者們知道自己的粉絲要什麼。台灣的年輕漫畫作者有超過一半和同人場有關係，但是同人作者的風格，只有在同人作者間有差異，拉出來看則相似度太高。同人誌作者年齡逐漸增加後，可能會面臨一些問題，包括，是否要把這個當做自己的志業？自己的作品中有自己想要講的故事嗎？跟這個社會要不要有互動脈絡？走出台灣後這些作品有沒有存續的可能性？

有很多年輕創作者想要說故事、想要尋找自己的說話能力，他們可以站出來講一些事情，不一定能成功，但起碼有一些人在做這些事情，包括同人場的作者們。其實年輕世代的作者有比較好的優勢，他們已經把全球放在視野裡面了，例如三月要報名波隆那[註6]，六月要報名瑞士琉森[註7]，九月要報名法蘭克福書展[註8]，他們的競賽格局是國際性的。

圖像小說與獨立漫畫

可能很多人會認為你們的漫畫和其他出版社的風格差滿多的，你們的漫畫經營上會有什麼比較特別的主題方針嗎？

我們比較不鼓勵大長篇，盡量希望是一兩本就能完結，因為我們沒有雜誌連載的平臺，也很難透過很長的故事累積人氣，所以大多都是one shot，單一作品最多兩本。慢慢地我們發現這個方針和國際的潮流——圖像小說（graphic novel）——逐漸串聯在一塊了。

以窄的意義來說，圖像小說乘載著個人的記憶。圖像小說大概有幾個特點，第一個是讀者群比較成熟，不會只侷限說我是畫給青少年看的，圖像小說就是一般小說，也就是我在說故事給你聽；第二個是它會牽扯到成長記憶。例如圖像小說裡幾個代表名作，像是Art Spiegelman

的《鼠族 Maus》，還有《我在伊朗長大》，甚至是我們前陣子出的《藍色是最溫暖的顏色》。大概都牽扯到個人、家族、國家的成長記憶，圖像小說可以說是找到了述說故事的定位。

從去年開始我們每年都會做兩、三個月的巡迴，去年是「春辣」，今年是「夏辣」。我們覺得會有一個新的閱讀族群，雖然不知道在哪裡，但我們選擇開發獨立書店，所以便用跟獨立書店合作的方式去做了二十場巡迴。

你是怎麼定義獨立漫畫的呢？

台灣的獨立漫畫這件事是一直很難去解釋清楚的。「慢工」還滿清楚是個獨立出版社，有個自己的思維，但只有這一個。獨立漫畫到底是怎麼認定？同人作者算不算獨立漫畫？他說自己的故事、自己販售這還不算獨立漫畫嗎？那什麼東西是獨立漫畫？舉一間國外出版社的例子可能會比較清楚。

法國有個「協會 L'Association」出版社，最有名的出版品是《我在伊朗長大》，它是由九〇年代一群從安古蘭學校畢業的朋友們一起成立的，他們在校時就有在自己創作，進入社會時，他們為了要進入這個體系，去各個出版社投稿，可是那個時候的主流是精裝、硬殼、彩色薄本，他們自己做的是黑白、比較個人敘事層面的內容，在被退稿一兩年之後，這幾個人就自己開了出版社。他們一開始就很清楚知道要做和別人不一樣的東西。

在安古蘭展上，起碼有十年、十幾年間，他們出版社的目錄是大家會去搶的，因為他們花很大力氣在設計目錄。這就是所謂的獨立性格很強，他們有很清楚的思維，並且有很確定的族群。

與作者之間的溝通

與創作者的合作模式，是簽人約還是作品約呢？

簽作品約。

跨界合作要談授權的話，是由出版社出面談嗎？

我們基本上書本可以單一處理，因為我們是書約，而其它跨界的事情可以由公司或個人來進行。

編輯和作者創作的溝通過程，有沒有一個固定的模式呢？

大部分作者我都只溝通大方向不討論細節。早期會討論很多劇情人物個性，現在只討論大方向，例如作品屬性、你針對的讀者群、作品大概多長，什麼時候交稿。

是因為你的作者都很有特色，所以放心讓他們自由創作嗎？

我們的模式是書的內容本身讓作者負責，我去負責後面的事項，例如，這本書是否有延伸的可能性？是否有國際版權的問題？有沒有辦法到中國大陸、美國或歐洲發展？要如何盤算？它們有沒有辦法改編成動畫？我反而是在做這方面的事情，編輯面向的事情就比較是落在同事去和作者溝通。

綜合看來，你們和其他出版社的區別，似乎是比較不會去在意市場的導向？

應該說，我們要的不是過去的市場，要的是未來的市場。

我們不特別專注青少年市場，我們比較期望的是當每個人結束他的青春期的時候，「大辣」可以成為你們的第一品牌。當你看「大辣」，代表你們已經成熟了，大辣說不定可以陪你到老。我們大概是這樣的想像。

整體而言，你認為台灣原創漫畫要如何在這個大環境中去發展呢？

那些歷任總統大方針都是對的，立足台灣、放眼世界，但是要怎麼做到卻很難。一個作者在台灣說一個故事要賣掉三千本變成一件很難的事情，不只是出版，電影、唱片都一樣，這就變成是在中國大陸、在全世界都得要同時進行。原創漫畫大家都在找不同類型與方式，除了書的形式以外，我們也在數位影像跟商品之間尋找跨界合作的可能性，快一點的話明年（2018）上半年就可以看到成果。

附註

註1 鄭問（1958－2017），台灣漫畫家。1990年在日本發表作品時造成轟動，曾被日本漫畫界譽為「亞洲至寶」。代表作有《刺客列傳》、《東周英雄傳》、《深邃美麗的亞細亞－MAGICAL SUPER ASIA》等。

註2 麥人杰，台灣漫畫家。人稱麥叔叔、鬍子、小麥，1984年獲得全國漫畫大擂台第一名，畫風灑脫辛辣見解獨到，不少作品在台灣被列為出版品分級制中限制級的刊物。代表作有《狎客行》、《現代狎客行》、《狎客行：九真陰經》等。

註3 小莊（Sean Chuang），台灣漫畫家和廣告人。二十年廣告導演資歷，執導作品超過四百部，曾獲多次廣告獎項肯定。目前仍然活躍於廣告圈的導演小莊，持續左手拍片右手畫漫畫，漫畫代表作有《廣告人手記》、《窗 The Window》、《80年代事件簿》系列等。

註4 61Chi，本名劉宜其，台灣新生代漫畫家，在同人場創作經驗豐富，2014年商業作品《房間》正式出道，並且獲得日本外務省國際漫畫賞銀賞。

註5 水晶孔（Crystal KUNG），1994年生於中國西安，台北長大，同時兼任自由插畫家與漫畫家。作品以插畫、漫畫和動畫創作為主，擅長角色設計和美術設定。2016入選為法國安古蘭台灣館參展漫畫家。代表作《流浪小孩》。

註6 波隆那，指義大利波隆那童書展，每年 3 月或 4 月於義大利波隆那舉行，是世界上首屆一指的兒童圖書書展。

註7 瑞士琉森，指瑞士琉森 Fumetto 國際漫畫節（Fumetto Internationales Comix Festival Luzern）。是歐洲主要的漫畫節之一，主要以新興的另類漫畫為主，多實驗性強的藝術漫畫作品。

註8 法蘭克福書展，是世界上最大規模的國際圖書博覽會之一。自 1949 年開始，每年 10 月於德國舉行。

陳正益

──而台灣則是除了出版社以外很少人把資金和資源往（漫畫）產業投。

就讀設計系，一九九七年進入業界，先於東立雜誌任職於美術編輯、後轉任電玩雜誌，開始接觸文字編輯。二〇一〇年轉至台灣角川漫畫部門，現於東立的電子書部門。任職於出版社多年，對於台灣原創、代理漫畫出版具有豐富的工作經驗。

在出版社經歷與觀察的

一開始是怎麼進入這個業界的？

我本身是設計系畢業，因此剛進入出版業時擔任的是雜誌美編，做了一陣子後，「東立」想開發電玩雜誌這個品項，我就被找去當電玩雜誌的編輯。藉由這個契機，我正式開始接觸文字編輯。兩年後電玩雜誌收掉，之後我就在各部門跳來跳去做各種業務，像是《寶島少年》的主編、《新少年快報》的主編。在「東立」的後期被調到了輕小說部門，那個時候就想試試原創輕小說能怎麼發展，所以後來有個機會就轉到「台灣角川」去，看能不能學習到一些正港從日本來的一些編輯概念和做法。

「角川」和「東立」的形式不太一樣，「東立」分成輕小說編輯或漫畫編輯，兩者之間的事務基本上是互不相干的。「角川」則是一個編輯部同時負責做漫畫與小說，兩者兼顧。我在「角川」的初期是做漫畫，後期則大部分都是在原創部門裡。「角川」原創剛開始時，國人原創以及日本代理兩個業務並沒有分開，同屬於一個部門，並且呈現的是編輯比作者還多的狀態，一個編輯就負責一個作者。過了一段時間後，「角川」才把原創分開來成立原創部門。「角川」的制度比較有一些編輯的實務概念，像是做原創的想法和邏輯，這些在以前的「東立」是比較沒有辦法學習到的。因為「東立」是編輯自己靠自己的感覺摸索，一切都是出於自己的判斷，無法知道這麼做到底是對或錯。

會覺得台灣原創漫畫需要靠輕小說去支撐嗎？

我覺得這是有可能的，我在當《新少快》（《新少年快報》）的主編時曾跟「友善文創」的阿豪（王士豪）合作過，他那時候還在「銘顯文化」。阿豪說他那邊有一個很紅的作品，叫做《1/2王子》，原作是小說，他想要做多媒體化。當時的想法是想要用漫畫化帶動原作能夠再銷一波，所以他們在改編的獲利上其實放很低。不過像這類合作，常找不到願意畫其他人作品的漫畫家，後來是找到蔡鴻忠[註1]，他那時剛好來問我有沒有適合的故事可以給他畫，我就說那我剛好手上有個案子，你試試看，接著就把《1/2 王子》的東西整理給他，小蔡看了之後說感覺可以試試看。一開始是我跟阿豪在兩個公司間斡旋，而在這過程中遇到了一個問題，「東立」那時候的總編反對這次的合作案，畢竟當時台灣沒有很多類似的合作案，那時總編認為「如果會賣，我為什麼不讓自己家的漫畫家連載自己的作品就好？」，因為那時候我在《新少快》當主編，但小蔡是在《龍少年》進行連載的（當時《龍少年》與《寶島少年》是同一個編輯部），所以那時候我聯合了《寶島少年》的主編，兩個漫畫雜誌的主編直接去跟范先生（東立老闆范萬楠）談。范先生當初就爽快的答應了，後來據說御我[註2]（原作者）也對小蔡所改編的漫畫感到非常的滿意。從這件事情之後，「東立」發現這條路說不定是會賺錢的，於是開始陸續有在洽談這類型的案子。

為什麼會找不到願意畫其他人作品的漫畫家？

我在台灣原創漫畫遇到最大的難題之一其實就是作品的改編。困難的點不是輕小說原作這邊，而是漫畫作者這邊。因為台灣的原創漫畫作者很多都是既然選了畫原創這條路，就不會想去畫別人的故事。我曾經聽過漫畫家跟我說「如果要我去畫別人的故事，我乾脆去同人場畫二創就好了啊」，所以改編作品很容易遇到的問題就是找不到願意畫別人作品的漫畫家。當然也有人說可以去同人場找，可是在同人場找也會遇到一些問題，像是不少二創同人的作者在故事構想跟畫面構成的技術上，還是跟原創漫畫家有一定的差距。第二個問題是要找到與原作風格相近的創作者其實很困難。

面對台灣漫畫的

困境

除了載體的改變，你認為還有什麼原因導致漫畫銷量下降？

台灣的漫畫出租店從全省三千多間，到現在只剩下八百多間、或是更少。早期漫畫出租店對漫畫出版社很重要，因為代理漫畫要回本大概要賣三千本左右，當時只要每家出租店願意進這本書，出版社就不會賠本了。所以那時候出版社什麼書都敢出。可是之後出版社的出書種類少了很多，因為出租店後來覺得要精簡、要省錢，漸漸地開始不全盤收購所有的書。出版社發現出租店沒有進這些書，也慢慢的不出這些書。我一直覺得出租這件事情對出版社來說是件好事，也是壞事。

當時出版社會覺得因為出租店的服務，導致買書的人會減少，而因為台灣沒有漫畫出租制度，出版社是沒有辦法跟出租店收取權利金的。雖然出版社一直希望政府能推行這個制度，但始終不了了之。漫畫出租制度就是像在影音店租片，由於片商有出租版本，所以影音店一定要給片商固定價格的權利金，同理之下希望出租的價格裡包含多少比例是可以回饋給出版社，這樣不只出租店，出版社也可以回收一定的成本。

回到前面的討論，當漫畫銷售三千本就能回本，進一步使得更多種類的漫畫能在市面上流通的時候，漫畫市場才可以說是蓬勃發展。因為一個市場如果要能夠蓬勃發展，面向要夠多，市場要多元。但在出租店市場萎靡的情況下，出租店便無法全盤接受漫畫出版社出版各式各樣的品項。這使得出版社在選書時，也只能選擇有銷量、有賣相的書，市場開始變窄。這是一個惡性循環。

對於這樣的惡性循環有沒有辦法找到一個突破點呢？

網路平台是一種，但並不是能全面解決的方法。有些事情不是沒辦法做到，而是環境決定了很多事情。台灣有些問題在日本、中國大陸的環境和市場是可以解決的。中國大陸的環境下，賣書對他們來說只是小利潤，而且實體出版難度太大，所以可以放棄這份利潤，將目標放在把這個作品推廣出去、讓網路上所有人都看過，甚至可以免費讓你們看也沒關係。但在這之後會做出大量的多媒體改編，利用這些多媒體改編再去吸引其它錢潮。這是中國大陸的思維跟模式，但台灣僅只有兩千六百萬的基數人口，你沒有辦法這樣玩，中國大陸的基數並不是我們能夠模仿的。然而，在台灣，網路平台的利潤並不高，因為願意花錢的人佔其中的比例是很低的。在你無法達到絕對大數的狀況下，便無法擴展這個利潤，但相對在中國大陸要達到絕對大數則是非常容易的。

第二點是其實這個市場資金流動的問題。為什麼這麼說？台灣其實是一個長久以來一直對動漫產業歧視的國家，或許你會說「日本也會歧視啊！」，但日本的資金不會歧視，他們的動漫還是能有各式各樣的改編。這些都需要錢、需要有人投資。出版並不是利潤很高的產業，所以如果沒有出版社以外的資金去支持，日本也不可能去撐住那麼多相關產業，包括改編動畫、遊戲、生產周邊產品之類的。近年來常見的動畫製作委員會，就是很多家公司注資在這個計畫裡面，各個公司就能夠拿走某部分的權利去做其他產品效益。例如說 A 公司可以去出該作品的音樂 CD、B 公司可以拿它去做遊戲、C 公司可以拿去做周邊。中國大陸也是類似的情況，即使他們將投資投在不對的東西上，他們還是可以把市場撐住，因為投入的金錢實在非常龐大。

而台灣則是除了出版社以外，很少有人會把資金和資源往這個產業投。前面也提過了：出版並不是一個很賺錢的產業，想要多媒體化就一定要倚靠其它的資金來支撐。沒有這些資金的注入，就沒有人做任何多媒體改編。台灣很多企業會對各式各樣的文創投錢，像是電影產業或者藝術產業，但很少人願意對動漫產業投入資金。應該說對於這些企業來說，動漫產業似乎並不是一個適合投資的對象，甚至是台灣的政治圈或媒體圈，都有人一直對這個產業施以打壓以及歧視的態度，像是新聞描述前陣子的女大學生自殺案，明明是家裡壓力過大，記者偏偏要寫說是看漫畫自殺的。當然日本也會有這樣的現象，但日本的漫畫市場的力道已經龐大到即使媒體這麼寫也無法將之擊倒。

編輯的工作之一：

漫畫家的發掘

你在「東立」擔任編輯時，這些原創漫畫家是你們去發掘，還是自己來投稿的？

「東立」進入版權時代的時候，「集英社」跟「講談社」都對「東立」有提出一個要求：「出版的漫畫雜誌之中，要有一定的比例是國人原創。」這件事情便帶動了原本是做盜版漫畫的出版社開始經營國人原創。對范先生來說也剛好，畢竟他也是漫畫家出身、對漫畫有夢想，於是就有了《龍少年》、《星少女》，第一波原創漫畫家就是這時候找來的。

另外一個管道是漫畫新人獎，當時每年舉辦一次、還會辦頒獎典禮。到後期范先生想要加速產出漫畫家的速度，那時候就仿照了「集英社」一個月辦一次比賽的模式，等於一個月就會選出一個漫畫家。不過實際上不可能一個月一次，於是「東立」轉換成一季一次的比賽。而且那時如果出版社有在做國人漫畫，拿稿子來投稿的人數相對的會比較多。到同人場撈人則已經是比較後期的事情了，早期就是我前面提的兩種管道，因為早期兩邊很壁壘分明，會走商業的不會去畫同人、會畫同人誌的不會去畫商業，台灣原創漫畫界當時就是這樣的氛圍。

畫商業的難道都不是同人出身的嗎？

早期的作者都不是，尤其是像現在的漫畫家工會很多成員就是個很好的例子。以前的漫畫家比較傾向助手出身，像阮光民，那時候我印象很深刻，就是他每個禮拜都在趕完稿之後來公司交稿時，每次都蓬頭垢面、身上的衣服還黏著網點。給完稿子就睡眼惺忪的回去了。

台灣的商業漫畫賺錢是頗早年的事情，至少在這十幾年下來都不是一個多賺錢的產業。其實同人作者也知道這件事情。大半的同人作者如果不是抱著夢想想要賭一把，多數會覺得窩在同人的舒適圈就好了，因為去畫商業誌是賺不到錢的。基本上，在同人圈賣個幾百本就算大手，而且獲利還不少。但在商業圈，賣一千本卻是大賠。同人圈以及商業圈的基數相差太多，所以以前很多同人漫畫家不會想到商業漫畫賭一把。

台灣的商業漫畫家除了稿費和版稅，其他收入應該很有限？

主要就是版稅和稿費，有些人會去接一些學校的社團講師，有些則是會接一些像是插畫的案子。以小說家來作比對，實際上在台灣單靠寫小說就能活下去的人沒有那麼多，因此大半的作者都有另外的正職。然而漫畫沒有辦法，漫畫就是要全力畫下去。如果漫畫家有在月刊上連載，基本上就是餓不死，但賺不到什麼錢的狀態。因為每個月領月刊連載的稿費等於月薪、每年出大概兩本單行本領版稅等於年終，這樣加起來收入約等於一個上班族，但薪水沒有辦法再好，而且出版社其實一直都在賠，未來也很不穩定。就算你是漫畫家，你也不知道出版社能夠撐到什麼時候。

我們常說日本的漫畫家是大手看版稅、新人看稿費。新人漫畫家的收入不可能期望在版稅上，因為你的書賣不好，所以只能期待稿費好一點。台灣的問題則是幾乎大半的漫畫家收入都只能期待稿費，所以台灣漫畫家談案子的時候都很在意一頁多少錢。

原創漫畫家看到同人市場那麼蓬勃，是否也會想要投入同人？

我覺得在這方面是頗壁壘分明的一件事情：畫二創的很少會去畫原創、畫原創的很少會去畫二創。我看過有同人作者在畫二創作品時，畫得很漂亮，但把他抓過來畫原創，水準卻遠比不上二創時的水準。因為他們較缺乏原創的創意，畢竟二創說到底還是依附在他人作品上的產物，二創作者之前是照著市場上最頂尖的創意與內容來進行創作的，一旦脫離了這些，多數作者就很難發揮出他們原本在畫二創時的實力。除非本身是常接原創案子的人，他們就比較能夠學習並運用，在做原創的時候比較不會有這麼大的差距。畫原創的這群人也是，他們畫太久自己的東西了，突然叫他們畫別人的東西時常就是覺得會很彆扭、畫不出來。

從「東立」到「角川」的觀察與比較

你覺得「東立」和「角川」兩間出版社，有什麼不一樣的地方？

「東立」以前是一種比較像生產線的制度，編輯雖然在生產線佔了主要部分，但很多部分的工作是分出去的。而「角川」走的則是編輯制，今天這本書就是編輯要負責，所有的事情都要由編輯去處理。「東立」編輯的工作大多屬於內容的部分，至於這本書要怎麼行銷，會由企劃部門來主導。但在「角川」，這本書要怎麼宣傳是由編輯去找行銷企劃談，去幫這本書爭取行銷資源。

簡言之，「角川」的話就是編輯要做很多內容以外的事情，事情比較繁瑣。「東立」的好處是這種作業方式能使得一個編輯夠生產的數量超過於「角川」，因為頂掉了很多雜事，可以完全專注在核心的編輯事務上，但相對的就是「東立」的編輯對於自己做的書很多事情都不知道，跨越了編務這個界線之後就不知道事情怎麼做。其實兩者各有各的利弊。

兩家出版社在通路上有什麼差異嗎？

「東立」有個全漫畫出版社最強的利器，那就是「東立」的通路是自己的，經銷不是別人，是自己的。其實它還是要付通路的費用，因為實際上還是別家公司。這是范先生當年跟我說的，我覺得真的算是業界傳奇故事。

盜版時代有個特別有趣的現象，同一本漫畫會有好幾間出版社出、會有好幾個翻譯的版本。於是在那個時代出現了品牌擠壓現象，同一套漫畫、由不同出版社出版的情況下，很多讀者會選擇「東立」的產品。這樣的情況擠壓到了其它出版社的生存空間，於是那時候就有一些出版社聯合了其它出版社去找經銷商談判，告訴經銷你現在只有兩條路可以選擇，那就是只發「東立」的書或是只發我們的書。結果當時的經銷商當然選其它出版社，於是造成了「東立」的危機。當時的「東立」也很果斷爽快，立刻買了十幾台卡車，開始在全台各地鋪點。就這樣把各地所有書店尋訪一遍後，做好了鋪貨網、租了倉庫，就自己慢慢做起了經銷。這是一件一般人想不到的事情。

時間來到了現在，出版越來越重視抓準數量這件事，一般來說經銷回報的數字多少會有落差，但「東立」的落差就很少。今天一本書上市後，市場報告什麼時候會出來？之前我在「角川」的時候最少需要兩個禮拜，但「東立」最短可以三天。因為當「東立」想要知道這本書賣得如何時，只要一聲下令、各個地方的業務出去尋，三天之後就能知道這本書在市場上販售的情況如何。而抓量非常準這件事情就成為了現在「東立」的一個優勢。有大量的書上架、銷售很快的時候，出版社能夠馬上獲得訊息並再版。但其他出版社要等兩個禮拜或是經銷商完全沒有書了才會知道，等到經銷商回報再去印書，這過程可能已經經歷兩個禮拜到三個禮拜了，市場一旦超過半個月沒有書，讀者的購買意願會很容易消退。

「東立」跟「角川」兩家的行銷方式有什麼不一樣呢？

老實說，我進「角川」的時候，他們是沒有企劃部門的。當時「角川」的行銷是營業部門兼著做的。過去的出版業習慣的想法是：好酒不怕巷子深。那時候的出版社與作者都認為只要東西好看，不怕沒人買，但這幾年來已經不是這麼一回事了。以前喜歡書的人一定會去逛書店，即使這本書沒有做太大的宣傳，只要這本書的封面能完整地表達書中的內涵，就不怕沒有人買。我記得以前「日本角川」每一本書都會附上一張紙製書籤，書籤上會附上錦言佳句之類的東西，其中有一句話就是「幸福就是與好書相遇」。

但現在不是這樣了，現在越來越少人在逛書店。那麼出版社要怎麼賣書呢？靠博客來banner上的那幾本，有上有得賣、沒上沒得賣，變成大家都要去搶有限的資源，剩下的就是搶ＦＢ、做社群行銷之類。

編輯工作的傳承

你長年從事編輯的工作，對編輯這個工作有什麼看法嗎？

以在「東立」的經驗而言，制度面來講，原創編輯跟代理書沒有太大的不同，只是多了必須要跟作者去洽談、交涉或是催稿的部分，其他的流程都差不多。比較多的問題反而是概念上的，譬如說我們在「東立」常碰到的可能是老一輩的編輯沒有教你什麼東西就離職了，於是你只好自己摸索，而當你摸索到一些東西、自己有所收穫之後，等到新人進來時你可能已經準備要離開了。就這樣一直在反覆著同樣事情。我那時候就覺得——缺少了一些傳承。

已經學好的編輯為什麼都會選擇離開而不是留下來？

我已經做編輯做二十年了。在經濟起飛的時候，編輯不是一個人人想做的職業，因為編輯賺不了其它產業那樣的薪水，編輯這個工作的優點就是穩定而已，所以以前很多人在公司做一段時間後，遇到一些新興產業的機會就離開了。之後公司也開始覺得原創漫畫不堪虧損，曾經停掉過一段時間的《龍少年》跟《星少女》，連帶著作者們可以連載的機率就大幅萎縮，編輯需要對應作者的比例就大幅減少。因此其實在國人漫畫編輯這塊，沒有那個工作量，就沒有辦法有太多原創編輯的機會。這兩件事情導致了一些斷層的發生，我覺得有時候問題不是出在所謂的制度面，而是一些像這樣的狀況導致了斷層產生。

除此之外就是做原創漫畫很難有成就感。尤其是在漫畫出版社，看著旁邊日文代理的出書量不但多，而且還一直再版、再刷、然後賣個幾萬本，幫公司賺多少的錢，但是你做的原創卻一直處於沒怎麼賺錢甚至虧損的狀態。畢竟做國人漫畫的成本比做代理漫畫的成本高太多了，而當你一直在做這樣的事情時，自己跟同一家公司不同部門相比，就會覺得很沒有成就感。這是第一個問題。而第二個問題就是，如果是兩者兼著做的話，當今天工作有輕重選擇時，常常都是不會先完成國人漫畫，而是先去處理賺錢的日本漫畫，因此國人的作者跟作品就會受到一些冷落。因為這不是你公司的獲利主力，甚至不會幫你公司獲利，公司的行銷宣傳自然也就不會把資源放在這些東西上面。

或許有人會說「如果都用數字來講的話，那就不要做原創了」，你的看法呢？

我們很常遇到這類的選擇。在「角川」的時候我就覺得如果要用數字來決定事情的話，我第一個提議就是把原創收掉。因為「角川」在日本是一個上市上櫃公司，對「角川」來說，做任何投資都必須要向股東負責，所以「角川」會對投資收益較台灣其他出版社在意。當然「角川」還是覺得發展原創是份內該做的事情，但最大的基礎是希望可以自負盈虧。而像「東立」之類的傳統漫畫出版社，之所以會堅持持續做原本的這塊，其實大半是因為「情懷」，就是老闆一直想要做些原創的東西出來。在出版社是賺錢的情況下，就會持續去做這件事，即便整體算下來是賠錢的。尤其「東立」的范老闆是漫畫家出身，所以他這方面的情懷其實更加明顯。

附註

註1 蔡鴻忠，台灣漫畫家，筆名狗狗蔡。2007年與輕小說作家御我合作，以《1/2王子》於東立《龍少年》開始連載。

註2 御我，本名陳玟瑄，台灣的女性輕小說作家。成名作為《1/2王子》，代表作為《不殺》、《吾命騎士》和《非關英雄》。

陳家翊、陳致安

(Maka)

——一個成功的模式是要剛好天時、地利、人和，以及跟市場性的結合。

陳家翊（Maka）

現任尖端出版社漫畫編輯部總編。業界資歷二十七年，曾任職於大然文化，成立專職之漫畫責任編輯部門，統籌編輯分工、新人獎募集活動及漫畫家相關事務，期間與林政德、游素蘭、高永……等近百位作者合作。二〇〇五年至二〇〇八年於新成立亞圖文化擔任總編輯，以代理韓國漫畫並編輯企劃、整合行銷及商品管理為主要工作內容。自二〇〇九年九月起任職於尖端出版至今，以規劃、經營國人原創漫畫作品及作者為主要工作項目，現任《夢夢》月刊及《漫畫之星》網站之總編輯。

陳致安

現任尖端出版社 3-1 事業部漫畫主編，以經營、尋找、推廣台灣原創漫畫作品及協助作者創作為主要工作項目。經營尖端《漫畫之星COMIC STAR》線上漫畫平台網站期間，總共編審過近六十部台灣作品上架連載，自己編輯經手的則超過十五部，不僅讓許多創作新手在平台上嶄露頭角，也將台灣作品推往國際。

原創漫畫部門與新人獎

「尖端出版社」當中的漫畫部門是如何成立的呢？

陳家翊（以下簡稱M）：

「尖端」一開始是以青少年流行文化為主，包含流行雜誌《COOL》，還有《CHOC》等輕熟女和少女的流行雜誌，也包含圖文書和小說的經營，是走比較多元化的路線。

做動漫相關的契機，最早是在盜版時期，那時「大然」做了《先鋒動畫》，「尖端」就做了《神奇地帶》，都是取材自日本動漫雜誌。在電玩遊戲進入台灣後，「尖端」也做了很多攻略，這點可以看出老闆對於青少年流行文化方面還算敏銳。

一九九二年台灣開始進入正式版權時代後，日本的授權是採取分區塊經營。所以當時「青文」就主要以兒童為主，像《柯南》，「大然」做了《熱門少年TOP》，「東立」則是《寶島少年》。授權商把日本漫畫分別授權到不同台灣出版社，重點是可以拉高獲利的空間，當兩家都要同一部熱門作品時，授權商就有空間可以談。

那時「尖端」做了一本《Tempo》（《活躍Tempo半月刊》）雜誌，主要是連載當時日本授權給「尖端」的青年向以上的漫畫，像是《沈默的艦隊》這種較成人、具話題性的作品。真正開始接觸大量少女和少淑女漫畫作品是在「大然」倒閉後，「尖端」接收了它少女漫畫的部分。那時候「大然」有一本《天使月刊》，其實就是日本的《Ribon》，後來「尖端」取得了它在台灣雜誌的代理，叫《夢夢》。

陳致安（以下簡稱安）：

《夢夢》也是目前全台灣唯一僅存的紙本發行的少女漫畫雜誌，其他出版社的少女漫畫雜誌現在還在的，也都已經轉為電子期刊了。

所以「尖端」的漫畫部門是著重在少女漫畫的經營上嗎？

M：應該說拿到《夢夢》的版權後，因為很多知名（少女漫畫）作者在上面，所以操作起來也會比較得心應手。像是當初算是「大然」培養出來的作者小影[註1]，被稱為「國民小天后」，「尖端」也會幫漫畫家塑造個人形象，例如小影教你畫彩繪之類的，而不是只有出漫畫書。所以，慢慢有很多少女漫畫家會與「尖端」合作。現在少女漫畫原創的基礎，大多是在那時候奠定的，像柯宥希（顆粒）[註2]、小威老師[註3]、米絲琳[註4]、陳漢玲[註5]，這幾位其實都是那時候，大概二〇〇九年左右進入這本雜誌連載。

《夢夢》裡也有連載國人原創的少女漫畫作品？

M：對，現在（日本作品和國人原創）併成一本，而我們裡面很多原創的排名都超過日本作品。所以日本作品的篇幅有縮減，逐漸增加原創的內容。

原創會超過日本作品的原因是什麼呢？

M：應該說，日本的以前會看作者的知名度、作品的魅力度，但最近日本也沒有很強作品。像酒井真由[註6]，其實有發現她作品最近的題材沒有以前那麼吸引人，而台灣原創的好處是，目前線上這幾個作者在台灣的粉絲數本來就有基本盤，在臉書上貼文都會有很多回饋，排名自然就上來了。所以在地經營的效果越來越明顯，原創作者有基本盤的話，在市面上，在地的號召力就會比日本作品來得高。

印象中日本《Ribon》的少女漫畫都比較少女向，那在《夢夢》上連載的台灣原創作家風格會和《Ribon》的很像嗎？

M：以往的操作會，像在「大然」的時代就會如此。

安：例如目前在《夢夢》連載的台灣原創作品，也是去年金漫獎少女漫畫獎得主柯宥希老師，就比較有自己的風格。現在台灣讀者已經沒有很喜歡那種單純傻白甜的少女戀愛劇情，我們的老師就比較有歷練，劇情編排比較能感動人心，所以能打動新讀者。老師會把她對於社會人情的歷練看法編進故事裡。柯宥希老師是漫畫家助手出身的，而小威老師就是新人獎。

你們有舉辦過漫畫比賽活動嗎？

安：公司從二〇〇七年到二〇一七年間已經舉辦超過十屆以上的漫畫比賽。一開始二〇〇七年首先舉辦「尖端少女漫畫新人獎」，等到二〇一〇年又多了「漫畫之星Comic Star」比賽。

M：二〇一〇年成立了漫畫之星Comic Star網站，它是全面向的徵稿，後來公司決意將其整合起來，在二〇一一年即舉辦整體面向的《尖端原創漫畫新人獎》。

「尖端」會直接針對漫畫新人獎得獎的作者進行包裝和出版嗎？

安：應該說，新人獎比賽主要是發掘台灣新生代作者，得獎不代表出道，這中間還要培養，養成一個漫畫家順利的話也至少要花兩到三年。其實重要的是在得獎之後，我們會跟作者溝通和規劃，新人會提案，編輯會看市場的調性和作者討論，並不是得獎就會出書。重點是放在公司對得獎者未來的規劃，再來就是看作者個人的努力和提升，要確定作者未來也是有意願想繼續畫漫畫，以及公司覺得有發展潛力的，公司才會投入資源。

你們的漫畫新人獎比賽是如何運作的呢？

M：當初漫畫之星就是一種「星光大道」的概念。我們的模式是初選，先選出四十篇我們覺得還可以的，再選出十六位可以來免費上課。大概有二十四節課，讓你學習從編劇、分鏡、線稿到完稿，然後會產出一個結業作品，也就是在課程過程中要完成一部十七頁的短篇，再用課程作品進行終選。這是一個訓練，也是一個篩選的過程。

你們決定要栽培某個作者時，會與對方簽約嗎？

安：簽約是算後期的事情，前面就是提案討論。簽人約的話會挑，簽了以後等於公司要給作者保障資源，公司在這方面會經過討論審核。不過，新生代作者現在很多都不太喜歡簽人約，大家想法都在變。

簽人約之後有什麼權利和義務呢？

M：第一個重點就是——不能畫二創，公司在運營上會考慮到品牌信譽各方面的問題，因為作品可能會授權到其他國家，作者形象本身公司要幫忙顧好，特別是不能有營利行為、二創的販售。作者出席公司活動的場合，像是一些座談或簽名會等活動時，「尖端」的習慣是責編一定要陪同，維護作者的形象和安全。像簽名會時，有時候也要幫作者防範過激的粉絲行為，為作者處理打點創作以外的事務。

所以說簽約之後，作者就不能在公司之外從事營利的行為？

M：其實這點我們也一直還在討論。因為時代在變，有時候老師會想要做一些自主性的周邊商品，從事些小東西販售的模式，這個我們也在跟老師討論可能性。因為考量市場規模不夠的時候，公司當然不會去做，但老師自己想要做那樣的商品時，其實我們也會去跟老師去商討可能性。

責編基本上會扮演什麼樣的角色？一個人帶幾個作者呢？

M：公司裡其實沒有專職的責編，每個人都有主要的工作，像致安就是漫畫之星網站的主編，其他人則是支援，有人是帶作者，每個月固定交稿子出來。

安：像我目前手邊就負責有十幾位在聯絡。不過較多是新生作者，很多創作觀念和提案方向還要再多加討論與引導，以市場面去考量。另外讓新人提案大多是短篇為主，因為若讓新人一開始就做長篇連載，是很冒險的。

那麼責編會介入故事編排、討論故事的發展嗎？

M：責編一定會提供意見，這也是一項服務。因為創作者也會遇到瓶頸，他自己編完故事不知道好不好，通常第一個就是拿給責編。

安：責編就是第一個讀者，創作者有時候在創作上會有一些盲點，責編就會在不干擾主要故事的情況下，提出建議或想法，不管是在故事流程或分鏡上。所以責編是一定會影響到作者的創作。

M：應該說整條創作流程，從提案開始，責編都一定會在裡面。

安：我也會提醒新作者必須要有市場性，例如哪些題材會引起大家的興趣，因為你的創作就是要給大眾看，若是不在意大眾喜歡什麼或在意什麼的話，怎麼引起人家要看你創作內容的興趣？

像是目前大家比較有共鳴的可能是「智慧型移動裝置」，或者是新世代產生的新職業Youtuber、直播主，畫這些題材比較能引起大家的興趣，作者也要跟著時代改變。

IP經營與異業的結合

與

會提供給簽約作者哪些資源呢？

安：公司會去洽詢異業合作的機會。會提供案子讓漫畫家接案，例如手遊、廣告的異業合作，可是不是單純畫別人東西，而是要和我們的作品有結合。例如《戀愛教戰手冊》、《勇往直前♥灰姑娘》也有和《美男宮殿》等類型的手遊來做異業合作。

M：其實就是雙贏模式。一開始會有手遊公司主動來談合作機會，他們看中的是漫畫家FB上的粉絲數，因為他們也是要宣傳性、擴散性，而我們的企劃宣傳部門就覺得這是一個機會。

安：像遊戲公司手遊，也會特別為老師的作品，另外開一個專屬副本（編按：遊戲任務、遊戲中的特別關卡），我們還會提供他們劇（腳）本。之前這些的確都是跟遊戲合作比較多，我們也有考慮和化妝品或其他產業做結合。

你們原創作品有進行其他方面的改編嗎？例如影視或動畫。

安：我們公司也是有努力在推廣做影視。目前小說和漫畫也已經有販售版權給影視公司，例如顆粒老師的《許個願吧！大喜》也已經有授權給某影視公司，另外也有作品授權給網路平台做動畫。

M：關於小說部分洽談授權的也很多，像是《有五個姊姊的我就註定要單身了啊》除了已授權電影版外，另外也有授權手遊。此外還有延伸發展出《五姊》的新桌遊，則是由我們「尖端」新成立的桌遊事業單位開發而成。

「尖端」的出版中，和日文代理作品相比，原創漫畫占了多少比例？銷售市場上的狀

況又是如何呢？

安：我們「尖端」一年約略出版二十六本以上原創漫畫。

M：市占比的話，整個台灣原創漫畫出版數佔比大概年平均不到百分之五，市場總量不到百分之二，之前的圖書發展調查報告上都有寫到。我覺得現在的占比只會越來越低，由於漫畫閱讀模式，走劇情漫畫類型、出成紙本會越來越少。現在很多作者都是在ＦＢ上做創作，很多原來想走劇情漫畫的作者也會逐漸向條漫或ＦＢ個人自媒的方向發展。同人團體也會轉向這個方面，或者越來越多變成是做周邊，收益甚至比他畫一本同人本還要高。

安：紙本出版的萎縮是全球都在發生的現象，因為數位科技的發展，真的造成很大的影響。

那麼為了因應數位科技的發展，公司在策略上有什麼改變嗎？

M：剛才有講到我們有漫畫之星 Comic Star 這個網站，其實我們明年（2018）會做改版，因為原來的網站沒有條漫的部分，但我們認為手機閱讀未來一定要放進去，所以要強化這一塊。但劇情漫畫這方面還是要維持住，它比較像是傳統工藝，它的魅力包含很多的技術，例如分鏡。創作者也有人想專門做劇情漫畫，所以我們的規劃會往多元方向去做，包括會做條漫，也會做個人發表的自媒體，以及發展圖文書。

你們有製作 LINE 貼圖嗎？

M：我們公司其實也有開始幫作者進行 LINE 貼圖製作和上架，這是去年開始的一個項目，從公司的角度來看是提供作者這些服務，共享雙贏的局面，但是失敗的話，作者不用負責，公司要自己承擔。這是一定會有風險的。

除了稿費和版稅之外，你們也會去幫忙作者尋找更多收入來源？

安：如總編所說，就是 IP 泛用。因為紙本市場衰微，「尖端」也在思考與嘗試漫畫、小說創作除了出版之外，還能有什麼發展？所以我們在努力洽談關於影視版權、授權海外（紙本、數位）、手遊、桌遊、通訊軟體貼圖，而跨域結合的授權及精品周邊等的販售與版權金收入，這些基本上可以保障老師的固定收入。

你們還有其他原創IP多元經營的例子嗎？

安：像《時光當鋪》是我們主推的小說作品之一，因為是部暢銷作，所以順勢將其以不同媒體延伸，如漫畫版與桌遊等，而《時光》的電影版權也已售出。又例如另一部《我吃了那男孩一整年的早餐》的故事是起源於Dcard上的一篇發文，我們有個小說編輯看到後，馬上去找到原作者談妥了故事版權，後來就企劃製作了小說和漫畫版，市場的反應很好，《早餐》的電影版權也賣出去了。我們等於是把它的IP買下來，再幫它做多元的經營。

其實，一個成功的模式是要剛好天時、地利、人和，以及跟市場性的結合。沒有所謂的「勝利方程式」存在。因為每個人走的路和時間點可能會不太一樣，我們要做的就是一直找出路，一直試著去開發更好、更迎合市場、會受大眾喜歡的內容。

這樣的ＩＰ運作下來有什麼心得嗎？

Ｍ：在ＩＰ的生產這方面，我們都知道比起小說，漫畫的生產速度沒有辦法很快。所以我們有在思考一些不同模式，如合集，讓ＩＰ能更快速、有效地產生。有了ＩＰ之後，有潛在實力的ＩＰ，模式就要虛實並進，除了實體的東西之外，在網路上、手機宣傳上，都要做到可以錦上添花。

你們對於想要創作ＩＰ的作者有什麼建言？

安：現在娛樂性的東西太多，如何能吸引消費者的目光，是很值得作者去深思的。而首先，作者也要能一直堅持下去，不停地創作！因為很多時候，可能遇到創作沒人看、被退稿又或是被讀者嫌，又有很多外在雜事要處理，一個人寂寞地在那邊畫畫，然後又被退稿，甚至沒有讀者反應（沒人看），在那時候的心境是很難熬的。要走這條路的話就是一定要堅持，才能在這條路上一直走下去，但內容不吸引人時，就要停下來思考問題所在。

M：就提案的環節來看，除了提作者自己最想畫的故事外，我們還會建議他提三到五個不同的故事，就他認知範圍的，不要同類型。這是可以讓責編看出作者本身的素養。這對我們新人來說可能是比較困擾的地方，因為他怎麼提都提不出市場性的內容在裡面，這部分比較麻煩。所以我們才需要花很多時間來培育，磨練他的功力，分鏡、人物架構、完稿程度等，然後也許搭配原作幫他寫腳本。

安：還想補充的是，為了因應市場，作者也需要去培養他的信徒，經營自己的粉絲團，因為這些人才是會去支持作品的人，要去跟粉絲互動，並且刷自身的存在感。

編輯是公司資產核心的

你們認為台灣原創漫畫的未來會如何發展？

Ｍ：ＩＰ產出這個部分，我們的資源是有限的。對於「尖端」來說，我們很清楚知道編輯是公司的資產核心，因為作者來來去去，每年都會有異動，編輯才是產業繼續維持的核心。所以在ＩＰ的產出上，我們會考慮的是如何用平台的改變，來快速生產ＩＰ，所以我們才會想要對我們的網路平台進行改版。目前考量的模式方面，像是小說網站「起點中文網」，他們上面的作品不是編輯去找，而是開放讓文筆不錯的作者自己上傳。也就是說他們的ＩＰ是自動產出的，所以我們也想看漫畫有沒有這樣的可能性。

你們的海外授權主要是在哪些市場呢？這些市場的反應如何？

M：主要大概從前年開始吧，中國大陸那邊的數位平台開始蓬勃發展，因為他們政府的政策，出現了很多資金，所以去年就有很多數位平台來跟我們買ＩＰ。我們那時候訂的規則就是我可以（授權）給你，但你不獨家，所以我就可以多平台。去年有稍微從這裡幫作者賺了一點利潤。

安：最近也有韓國，感覺現在各國都在尋找新的ＩＰ發展，因為自己本土作品也有點看膩了。像日本也有在辦比賽，讓其他國家的也可以來參加。

M：不過，要進入日本比較難，日本也有所謂的仲介商在拿海外ＩＰ回去授權給日本做出版，先在網路上給大家看，出版社有興趣出實體的話，再跟他們談。但是這一部分的市場佔比怎麼看都很小，他們對外來的作品接受度其實不高。

安：東南亞的部分主要都是紙本書的授權，但是現在東南亞經濟起飛，所以這部分的市場也是必須注重的，不能小覷。

你們如何從眾多出版社中做出自己的特色呢？

安：外面大家對「尖端」的印象就是我們女性向漫畫作品發展得很好，那是因為一開始原創部分是較專注在女性市場，但我們也努力要往更多面向的產品發展。另外還有關於我們「尖端」的宣傳方面也是有口皆碑，這也都是有賴於我們宣傳部同事的努力。

M：公司的重點會在於編輯的眼光要多元化，所以現在很多提案會議內容不只是在提漫畫。我們會經常看博客來，因為網路通路是有助於市場分析的，比如說前一百大目前都是哪些書，編輯就會去看這些類型的書籍是不是有可能和漫畫結合？要培養這方面的東西。漫畫產業的編輯以往都比較壓縮，但是漫畫是一個元素，不單單只是一個類別，我們現在的想法是讓編輯的視野能夠拉大，這樣慢慢的類型才會出來，競爭優勢才會增加。

那麼你們有針對編輯育成的建議嗎？

安：想當漫畫作者還有補習班之類的可以上，但是感覺台灣的編輯基本上比較像師徒制度，沒有一個專業的培訓流程，教育體系裡面也沒有編輯的課程或系統訓練。

M：漫畫編輯要會色彩學、電影學、素描等基礎，編輯不一定要會畫，但是要懂故事邏輯和色彩配色。編輯就是一個全能，台灣編輯要做的很雜，跑業務、法務，印務（網點百分比、對紙質的研究）等等。所以這也是師徒制的原因，需要進入這個業界才真的知道編輯在做什麼。

附註

註1 林青慧，筆名小影，是台灣女性漫畫家，代表作有《難纏俏姑娘》、《糖罐裡的甜甜圈》。

註2 柯宥希，原筆名顆粒，台灣女性漫畫家，代表作《許個願吧！大喜》。金漫獎多次得主，包括2012年年度漫畫獎，以及同年日本國際漫畫賞優秀賞。目前連載作品《有何不可》。

註3 小威老師，台灣女性漫畫家，本名林威敏，另有筆名林珉萱。代表作品為《雞排公主》。

註4 米絲琳，台灣女性漫畫家，創作領域為少女漫畫與ＢＬ漫畫。出道作為《可以愛我嗎？》。

註5 陳漢玲，台灣女性漫畫家，作品有《晴天娃娃》與《唯妙唯俏☆COS社》。

註6 酒井真由，日本漫畫家，目前在集英社的漫畫雜誌《Ribon》活躍中。出道作為《橘色解放》。

《許個願吧！大喜》──柯宥希（顆粒）

《許個願吧！大喜》是尖端當前少女漫畫作者柯宥希（顆粒）的代表作之一。

十四歲的男主角高大喜，因其惡名昭彰而被所有人敬而遠之，某日在因緣際會之下與班導的女兒戴天樂在醫院相識，並且同時遇見了自稱天使的少年。少年對大喜說道：「若你能完成我所提出的條件，我就能實現你的願望。」起初不以為然的大喜在看見樂觀面對病情的天樂後，決定向天使許下願望──大喜為了完成條件，不僅改變外貌，同時也面對了過去所忽視的羈絆、並試著去改變……最終他的願望是否能真的實現呢？

李亞倫

——雖然漫畫家與編輯幾乎是截然不同的人種，但卻處於一種共生的狀態。

二〇一〇年進入蓋亞，同時蓋亞成立漫畫部門。二〇一一年年初，《CCC創作集》改由蓋亞文化發行，時任蓋亞文化漫畫部總編輯，認為接下《CCC創作集》可為漫畫出版業帶來更多可能性。

參與編輯的作品：CCC創作集、漫畫植劇場、制服至上等系列作品；原動力書系的原漫系列作品。

「蓋亞漫畫部門」與「CCC編輯部」的合作

請問你在「蓋亞」成立漫畫部門時就開始擔任總編嗎？「蓋亞漫畫部門」剛開始的規劃是如何呢？

是的。其實一開始還是不免俗地想從日本暢銷作品為主軸，進而把台灣的小說改編成漫畫，例如九把刀的《功夫》、莫仁的《噩盡島》等等，然後在機緣巧合之下開始做了《CCC創作集》。

《CCC創作集》原本是中研院數位典藏計畫的系列，當初是怎麼開始找到跟「蓋亞」合作呢？

《CCC創作集》（或簡稱《CCC》）一開始是在同人場上做免費的發放，發了四期後覺得效益不大、成本上也有壓力。他們找了其他出版社，但聽說沒有人要接。當時是透過AKRU，《CCC》才與「蓋亞」搭上線。

為什麼當時其他出版社不去接《CCC》？

其他出版社的考量我們無法琢磨，但《CCC》的企劃和台灣漫畫出版社的模式相差太大，鮮少有出版社願意冒這麼大風險承接這樣的案子。

那你們跟中研院合作的模式如何呢？是否也會擔心營收的困難？

簡單來說，我們把中研院當成一位作者。所以《CCC》的前十期，對我們而言，成本並不會高於其他書籍，他們提供內容，我們給付版稅，並負責後續的包裝、印製、出版、行銷。

《CCC》在製作的時候，「蓋亞」這邊有加入編輯的意見嗎？或是幫忙看稿、提供作者建議與協助呢？

主要的編輯團隊都是在中研院。和傳統雜誌連載的模式相比，《CCC》特殊的地方是每一期有一個主題，接著個別去向漫畫家邀稿。每一期發行的半年前會召開會議，該會議的主旨是向所有的漫畫家說明這次的主題，並且列出幾個題目讓漫畫家去選擇。漫畫家要針對該題目的內容作提案，其中編輯扮演的是協助漫畫家理解、消化該題目的角色。

不過其實對漫畫家而言，要自己針對主題來提案是滿辛苦的，因為他要消化非常多的東西，最後做出來的可能只有一個短篇漫畫，雖然有稿費，但效益不大，因此後期我們都盡量傾向做長篇，讓漫畫家至少能做成單行本。所以你會發現到，以前《CCC》早期短篇比較多，後期則比較多長篇。「蓋亞」這邊則大多在於長篇漫畫的分鏡或單行本製作階段時給予意見與協助。

你們與漫畫家是怎樣的合作模式呢？

「蓋亞」跟漫畫家的合作模式很簡單，就是直接簽書約。

請問就《CCC》創作而言，你們的編輯和漫畫家的合作狀況如何呢？

「CCC編輯部」主要負責題材發想與資料提供協助等前期的部分，「蓋亞編輯部」則主要負責後期印刷、包裝、行銷。劇情討論、分鏡、校對等則因作品而異，主要是「CCC編輯部」負責，但有單行本計畫的作品，「蓋亞編輯部」也會提供意見與協助。等於一個漫畫家可能要同時面對數個編輯。

《CCC》的出版，你認為「蓋亞」本身是否有得到什麼回饋呢？

《CCC》的出版讓我們得到了不少的關注，也因為它如此獨特，讓「蓋亞」在日本漫畫當道的台灣市場當中迅速有了立足點。如果賺錢與否先不論，我認為至少有了一定的品牌知名度。

想請問，當初「蓋亞」是因為有什麼考量才會決定停掉《CCC》的呢？

《CCC》分成前後兩個階段，前十期跟後十期。第一到十期，中研院是作者的角色，「蓋亞」主要負責後期的印製與發行成本；第十一到二十期，則所有費用都由「蓋亞」獨力承擔，每一頁都必須付出稿費、編輯、印製、管銷的成本，以銷量來看，它完全不可能回本。在決定獨立製作後十期時，我們就知道很難維持收支平衡，即使如此依然持續做下去的原因，其實很難說清楚，可能有一點使命感、不成熟的熱血、試著把眼光放很遠，甚至可能只是捨不得放棄……不過，把《CCC》停掉這個決定主要還是在於我們感受到編輯群跟漫畫家都開始疲憊，當這樣的狀況出現，我們很難維持一定的作品品質，所以決定與其放任凋零，不如讓它有個美麗的落幕。

對台灣原創漫畫的觀察

能否大概評估現在你們的原創作品在台灣漫畫出版市場的情形嗎？

即使將「蓋亞」旗下所有品牌的漫畫都加起來，對整個台灣漫畫市場來說還是很微不足道。雖然近幾年台灣原創作品稍有起色，但市場依舊是日本漫畫當道，原創漫畫的市占率應該不到百分之十。因為作品數不夠多，也因為紙本書籍市場每況愈下，所以我們以收藏品的角度來做書，不管是用紙或包裝都刻意跟一般漫畫單行本作出區隔，希望可以提高作品在書店的辨識度及能見度。

台灣漫畫家和日本漫畫家的作品比起來會有什麼不足嗎？編輯可以如何幫忙作者呢？

我覺得基本技巧大家應該都具備，至於如何把故事說得好，其實取決於作家的感性，就跟會寫文章不一定可以寫出好看的小說是一樣的道理。

不足的部分，我認為主要是環境的問題，日本漫畫市場成熟，也夠大，一部暢銷漫畫可以衍伸出許多改編與周邊效應，漫畫家算得上是一種明星職業，競爭激烈不乏人才。在台灣即使是第一流的漫畫家，作品依然只限於一小部分的人知道，對這個行業有所熱情並可以堅持的人太少，雖說不是絕對，但從一萬人跟從一百人裡脫穎而出的作品，以機率上來說當然是前者優秀的機率大。而漫畫編輯的狀況其實跟漫畫家相同，這兩者相輔相成，好的漫畫家能培養出好的漫畫編輯，好的漫畫編輯亦能培養出好的漫畫家，雖然漫畫家與編輯幾乎是截然不同的人種，但卻處於一種共生的狀態。

「蓋亞」會去幫這些創作者做宣傳嗎？

宣傳當然會做，也必須做。在現在資訊爆炸的時代，如何讓我們的作品訊息在有限預算下，傳遞到目標讀者眼前，一直是我們努力的目標。

台灣最近ＩＰ盛行，「蓋亞」會主動去企劃這一塊嗎？

ＩＰ操作應該是每個握有內容的單位都想做的事，只是前述有提到的，台灣市場不夠大，到目前為止也沒有成功大賣的案例，所以大家相對保守，「蓋亞」最近有開始嘗試在做這一塊，但目前還沒有足以提出來說的事例。

請問你對台灣漫畫整體環境有什麼樣的看法與展望？

目前可能尚處於一個耕耘的階段，雖然之前說了許多悲觀的話，但其實我認為台灣在其獨特多元的文化、既短暫又悠遠的歷史背景及複雜政治等等因素下，是一個極其適合培育出色文創人才的環境，我很期待能看到台灣漫畫界百花齊放的那一天。

你覺得是為什麼目前台灣漫畫還沒有辦法做起來呢？

或許只是爆發前的寧靜，或許永遠這樣不上不下，但我寧願相信是前者。因為我知道有許多人在為台灣漫畫界努力與付出，從近年官方單位的支持，到民間企業不計盈虧付出、漫畫家燃燒青春與熱血……只要持續耕耘，數年後台灣漫畫界或許會有些不同。

最後想請問，你認為同人和台灣的漫畫出版界有什麼樣的關係呢？

對漫畫出版社來說，同人是一個很可愛卻又有一點點可恨的夥伴。它讓編輯可以較為輕鬆找到漫畫人才，也可以在出版社無法供應足夠稿費時，讓漫畫家有所收入並持續作畫。某種程度上，同人也可以說是孕育台灣漫畫家的搖籃。可恨之處在於許多大手都會因同人收入夠高，而不願投身商業市場（笑）。

——希望能藉由網路連載、
實體出版相輔相成，
為台灣的原創漫畫產業
開闢出一條新的道路。

楊季叡

曾任青文出版社《電玩通》
雜誌主編，現為日更計劃主編。

關於「日更計劃」

「日更計劃」漫畫平台創立於二〇一五年七月，原名為「日更COMICS」，於二〇一六年五月定名為「日更計劃」。以打造華文圈優質原創漫畫為宗旨。作品採用全平台分法策略，最大化曝光旗下ＩＰ，同時發布在四十多家漫畫平台及更多傳播平台。旗下作者橫跨台灣、香港、中國大陸、以及馬來西亞。除了網路連載之外，也於二〇一六年八月開始陸續發行旗下作品的實體單行本，希望能藉由網路連載、實體出版相輔相成，為台灣的原創漫畫產業開闢出一條新的道路。

愛尼曼公司與「日更計劃」的緣起

請問「愛尼曼公司」主要的營運發展，以及當初「日更計劃」是怎麼來的呢？

「愛尼曼數位科技」最早是以經營動漫資訊平台為主，除了發佈動漫、遊戲相關情報之外，也有設立創作平台供讀者們投稿自己的作品。後來除了資訊平台，我們也希望可以多一些原創的內容。因為公司董事長對命理學有些研究，但若要直接推廣的話可能有些困難，於是就想到通過漫畫來推廣紫微斗數，所以公司第一個原創作品《星耀學園》就是以紫微斗數來做主題，不過那時候我還沒進入公司。

《星耀學園》除了漫畫以外還有做成遊戲，可以讓玩家們能簡單地了解紫微斗數。公司認為動漫產業有很大的發展性，所以也嘗試過很多不同類型的業務，例如我們也嘗試過動漫教學等等，後來剛好有個機緣和中國大陸的公司合作，就創立了我們的原創漫畫平台——「日更計劃」。

可以簡單介紹一下你們公司的編制嗎？

資訊平台對「愛尼曼」來說還是最重要的一塊業務，這是我們公司的本業。所以我們設有專門撰寫以及採訪的新聞部門。

另外還有負責業務的營業部，目前主要經營公司新成立的圖文ＩＰ《奇妙鳥日子》。接下來就是我們編輯部，以及一個動畫部門在製作動畫，除了接案之外，也會製作我們自有ＩＰ的動畫。

請問你在漫畫編輯領域有什麼經歷呢？

其實我進出版業最早是在「青文」《電玩通》雜誌擔任編輯，後來也負責遊戲攻略本、遊戲小說以及畫冊等等的業務，到了這邊才開始做原創漫畫。之前在《電玩通》雜誌裡面，我們每一期有和輔大猴[註1]合作兩頁遊戲相關的單元型原創漫畫，如果說最早開始有做原創漫畫的話，就是從和輔大猴合作開始的吧。目前在「愛尼曼」大概有三年的資歷了。

可以更詳細說明一下「日更計劃」的內容嗎？它是跟中國大陸那邊的合作計劃嗎？

會跟中國大陸那邊合作的原因是最近幾年台灣本土漫畫的市場被壓縮得非常小。近幾年有個我認為不太好的現象就是，本土漫畫被所謂的「台灣原創」給綁架了，過度地強調台灣和本土、只畫給台灣人看的漫畫。或許台灣人看起來很有感覺，但是其他地方的人看起來就沒有感覺，而且近幾年由於氛圍的關係，大家非常排斥中國大陸市場，我覺得這是畫地自限的做法，這樣市場會打不開。所以我們不會去強調台灣原創，而是定調在「華文原創」。

我們有些漫畫家像《實驗品家庭》的作者就是香港人，《拳下俘虜》的作者是馬來西亞華人。中國大陸那邊也有作者，但是中國大陸的作者目前只有在簡體版平台上發佈，那邊也和台灣一樣有編輯部的編制。其實我們的作品中也會有台灣元素，像是《無常鬼》和《七月半》，而中國大陸的讀者們在看這些作品的時候也會有新鮮感和親切感。

另外，我想談談「日更計劃」的初衷。

我在出版社時看過太多這樣的狀況——一旦說要做原創漫畫，就開始問這本能賣多少——如果要用單行本銷量來決定一個原創ＩＰ的生死的話，那乾脆就不要做了。所以，「日更計劃」就把目標定在網路連載，在網路上有了人氣以後，不但可以帶動實體書的銷量，也可以把

ＩＰ授權改編，進而有更多獲利。這有點照抄日本的做法，日本本身市場夠大，光是出版漫畫單行本就能維持、甚至獲利。但他們在出版漫畫的同時，也準備好之後的路，譬如各種授權改編，甚至在漫畫連載的時候，就改編成同名輕小說來輔助漫畫，透過這些方式來讓ＩＰ成型。因此，「日更計劃」是以經營ＩＰ的方式來製作原創漫畫，最主要的獲利不是來自於單行本賣多少，而是在ＩＰ授權以及ＩＰ整體的附加利益。如果可以改編授權，那麼自然而然可以帶動單行本的銷量。

所以，你們的目標是先讓作品成型，之後可能的合作和授權才是利潤的來源？

如果只是以單行本銷售量來決定一切的話，除非我們是一個舉足輕重的出版社，通路打點得差不多了，這樣我今天想要推哪本，就多下點資源，那麼只要全台賣到三千本以上，就差不多可以回本了。但是這樣作者的稿費不可能會很高。而且漫畫的連載週期長，輕小說一個月完成一本，但漫畫沒有辦法。ＩＰ成型的時間也比較長，沒辦法很快用漫畫來回收。但我們很幸運能和中國大陸不錯的公司合作，他們也是非常支持「日更計劃」這樣的經營模式。

為什麼叫「日更」，結果作品都是「月更」呢？（笑）

當初是對方（中國大陸公司）設想的目標。初期就是比較理想化，想要讓平台每天都有作品可以更新。但是現在「日更」已經變成一個品牌了，而我們也盡量讓作品分散更新日，朝每天都有作品更新的目標前進。初期還會有很多人吐槽，但是現在品牌形象做起來以後，大家認識「日更」這個品牌代表的是旗下有很多華文原創漫畫。

面向作者

你們的作者是怎麼發掘的呢？

除了在同人活動主動發掘之外，也有許多作者是透過漫畫家之間相互介紹而進入「日更計劃」的。初期「日更計劃」在找作者時，由於稿費較高，甚至還會被當成詐騙集團呢。因為我覺得一定要讓作者安心地畫漫畫，所以那時候就算是新人，只要通過審核可以在平台上連載的話，最低稿費都是一頁一千兩百元，有經驗的作者還會依能力調整。如果不能提供足以讓作者安心畫漫畫的稿費，使得他們還得要接其他案子來維持生活的話，不但作者沒辦法獲得良好的生活品質，也會連帶影響漫畫品質，進而形成惡性循環。

那你們會限制作者不要去接外務嗎？

不會限制，我會覺得今天給作者這個稿費，如果交回來的稿子不夠好，編輯們一定會打回去讓你重畫，但如果你能交出不錯的稿子，還能同時畫同人誌的話，我會覺得你很厲害。而且，畫同人誌或是接外稿一樣可以提升作者自己的名氣，對我們的ＩＰ也有幫助，因此我們不會去做過多限制，唯一的限制只有不能再到別的公司去做一樣的商業連載。同人誌、自己接單張外稿這種我們是不限制的。

你們的作者是簽什麼約呢？

「日更」的作者都是人約和作品約一起簽。

你們雖然是網路平台，但是作品呈現的畫質也有些像頁漫，你們在出版連載的時候對作者有什麼要求嗎？

與其說要求，不如說是當時我們想的就是要做頁漫，這種畫面表現對於頁漫來說就是基本要求。

你們的作者會請助手嗎？這方面公司有協助嗎？

「日更計劃」對於助手相當重視，我們設有一個助手工作室，這些助手的薪資是由公司給付，然後分配給旗下作者運用。作者前一個月提出申請，需要畫哪幾頁、幾個助手，我們編輯再分配給他。因為以台灣現在的環境，要作者自己養助手相當困難，「日更計劃」的稿費雖然可以讓他們養得起助手，但是在初期階段，公司還是希望能盡量幫作者多一點。一開始有些作者說不需要助手，但我們依然會強制他一定要習慣用助手，因為用助手速度才能變快。畢竟這是要成為職業漫畫家的必經之路。

當然我們也在考慮以後用助手是不是作者付費，不過目前是不用付費。我的想法是初期讓漫畫家們把這些在日本漫畫界理所當然的制度先找回來，因為這些東西斷掉太久了。過去他們在畫漫畫是沒有助手的，因為也請不起，所以漸漸忘記助手怎麼用，甚至很多人一踏入漫畫界就覺得不需要助手。除非你真的很強，但再怎麼強你畫商業連載時是不能斷的。畫商業誌的壓力遠大於同人誌，同人誌如果沒有完成，說一句「我窗了，對不起」是ＯＫ的，但是商業誌你窗了，不但閱覽數就會掉得很快，公司的商譽也會受到影響。

編輯與作者的合作都有哪些？

資料、分鏡、故事大綱全包，還包括心理輔導之類的（笑）。

同人文化與商業考量的矛盾

對於商業出版和同人之間的關係有什麼看法呢？

日本認為同人是業餘，商業是職業，同人和商業之間是有差距存在的，雖然同人或許會賣得不錯，但他們會更在乎職業的目標。而台灣同人圈的某些人卻覺得商業是骯髒的，沾上邊就是不好，要做同人比較自由。但殊不知是自己的水平沒辦法達到商業的要求，逐漸形成同溫層。很多同人出身的作者往往在我們這裡被打槍以後會有點不滿，認為「我的作品在同人就很沒問題」，但是從商業的角度看就是不行。

會造成大家會有這種想法，是因為長期以來一些出版社的行為讓大家不信任，大家就會覺得做商業好像被騙，還不如做同人比較開心。而且之前同人圈一直有跟商業沾上邊就是不好的觀念，我覺得這是一個問題。

這個觀念是哪裡來的呢？

像我們有個作者之前在某出版社連載時，一頁稿費才六百元，大家會覺得出版社在壓榨畫家，而且出版社會用各種合約來牽制你，他們當然會認為出版業是不好的。也不能說他們想法是錯的，是這個環境才造成這些想法。

同人轉商業最大的困難點？

作畫速度是個很重要的問題，我們大部分作者都有經歷過所謂的陣痛期（笑）。我們一開始會讓他們積稿，但是很多人在第三個月時那個配額就會用掉。不過在過了陣痛期之後，有抓到自己的節奏就比較沒問題。

最大的困難點是他們能不能接受所謂的商業角度。因為今天作者想說的故事不一定是讀者想看的故事，或是作者覺得有魅力的角色在商業化時是沒有吸引力的等等。

所以會讓編輯從商業的角度和作者溝通？

嗯，我希望編輯能做到。只是台灣的斷層不只是作者，編輯也是斷層。我們的編輯都是邊做邊學。我會以我之前的經驗，告訴他們不能用漫畫家的角度來看這些東西，要以編輯和公司的角度，這需要比較長的調適和學習。

包括我自己，在做內容的時候，也一定會有些天人交戰。像我在前一間公司時，在成為主管後，因為必須更以經營的角度來看事情，我看的每本書不是它的內容而是數字，要提的是成本預算、預估獲利。先看數字，內容放到第二，要讓自己接受這個轉變是需要一點時間的，我一直也還在找尋內容和數字之間的平衡點。

經營IP的方式

目前你們的收入來源、有授權的作品主要有哪些呢？

《實驗品家庭》的動畫正在製作中，預計於二〇一八年四月在台、中、日上映，所以會有中文版和日文版。日本那邊的主題歌也確定了和 sony music 合作，目前聲優也大致底定了。

關於授權部分，除了動畫以外還有其他的嗎？

我們其實滿開放的，像有部作品雖然沒有出單行本，但是在中國大陸已經要改編成網路連續劇。

我自己在做這個工作時，感受到中國大陸在這三年進步非常快，台灣原本的優勢快要沒有了。台灣作者原本是有非常大的優勢的。台灣的企業大多不支持這個產業，我常常和別人開玩笑說他們寧願把錢給捷運站裡面白盒子（捐款箱）也不願意把錢給我們，那裡面只要有百分之一給我們做動畫，這個產業或許就會讓人看到希望。

所以說，台灣的作者很可惜，他們非常有才華和能力，但是缺乏舞台。這也是「計劃」為什麼要朝這個方向做的原因。

有改編成遊戲嗎？或是有想做桌遊或其他周邊嗎？

目前還沒，這是明年（2018）的目標，畢竟遊戲是最能看到回收的。但是以我們現在的IP來講，像《實驗品家庭》改編成動畫的時候，遊戲通常可以是副產物，但這部作品非常難改編成遊戲。之前也有和廠商洽談桌遊的製作，因為我們是做漫畫同時當內容IP在經營，所以有多一個（改編）也是好的。至於周邊，目前還沒有，但是有隨書附贈特典，今年會開始做（周邊），畢竟已經有一定基礎了。

你們的作品連載在中國大陸很多漫畫平台上都可以閱讀到，你們是正式授權到這些平台連載嗎？

這個很簡單，因為ＩＰ都是我們自己的，所以只要雙方條件談好就可以。中國大陸是比較獨立的做法，我們主要是以繁體和簡體來區分，因為我們重點是ＩＰ，在哪裡連載都是OK的。我們希望旗下作品可以盡量投放，讓市場以及更多讀者認識「日更計劃」，這樣才能讓作品獲得更多機會。

你們會因為考慮到中國大陸市場而限制漫畫題材嗎？

當然色情暴力這些一定會限制，這也不僅是對於中國大陸市場，就我自己的想法來說，我們現在要做的是ＩＰ，而這個ＩＰ是要面對中國大陸、東南亞、台灣，甚至是日本的，這不僅僅是讀者群的考量，也是作品本身考量。

你們對於這些ＩＰ的經營有什麼樣成功的模式值得參考嗎？

其實目前來講《實驗品家庭》是踏出第一步了。因為我們一開始的模式就是以經營ＩＰ為主，ＩＰ受歡迎之後和其他公司合作，授權改編動畫、遊戲等等，如果動畫、遊戲都有做出來，賺到錢了，那它就是成功的。但是因為《實驗品家庭》還在製作，明年（2018）四月上的時候會有什麼樣的迴響，目前還不知道。

附註

註1 輔大猴，雜誌連載漫畫作者，網路人氣部落客。

《無常鬼》——Nofi

二〇一七年金漫獎最佳新人與最佳少年漫畫獎入圍的作品《無常鬼》，是在日更漫畫平台連載的作品之一。

故事內容描述在孤兒院長大的祖淮萱為了救回有恩於他的老師，以一命換一命的方式被陰陽司帶入陰間，成為維護陰陽兩間平衡的無常鬼。

在地化背景與語言風格都讓台灣讀者有更多的親近感，磅礡熱血的畫風也是本書的亮點。

在進入二十一世紀之後台灣漫畫產業面臨了許多衝擊，包括全球性電子媒體興起導致紙媒衰微的趨勢，以及二〇〇三年大然出版社的倒閉也讓台灣漫畫失去一個象徵指標。

數十年過去，台灣的漫畫產業逐漸發展出不同面向。以往的出版和讀者之間是單向關係，由出版社提供資訊，讀者僅僅負責接收，但現今閱讀載體改變，從紙本書延伸至網路平台和電子書，以及媒介形式的增加（如臉書等社群網站大量出現），讀者和出版社的互動性也隨之增加。

本單元所進行的五個訪談，就是台灣原創漫畫及其相關領域，面對這樣的全球趨勢與數位科技發展所做出的各種新嘗試。

「開拓動漫祭」舉辦同人販售會，提供台灣創作者可以發揮的園地，讓漫畫家們在面臨產業資源困窘的年代得以持續地創作下去。「未來數位」同時經營日本遊戲漫畫代理和國人原創作品，並且透過在地活動經營出人氣頗高的角色IP——林默娘。「友善文創」積極培育漫畫家與國際接軌，並參與日本的漫畫出版及動畫製作流程。中研院的「數位典藏計畫」處理文史資料的轉化，通過《CCC創作集》呈現成果，也為台灣的原創作者提供了曝光的平台。獨立書店Mangasick推廣日本為主的另類漫畫，冀望為台灣的原創作者們提供主流之外的不同視角。

在漫畫產業的新嘗試裡，各個單位都有平台化的傾向——把自己當成一個平台的場域，而非內容的經營者——努力讓各式各樣的創作在這些空間裡發生，讓台漫能夠被更多人看見。

多樣化經營模式

蘇微希

——要先確定願意投入這個產業的創作者與相關人員，是否能夠有基本的收入養活自己，才能進一步考慮穩定提升創作能量。

日文系畢業，大學時期開始撰寫動漫畫評論、亦曾擔任漫畫編輯、編劇，原來想當漫畫家，卻因某次幫漫畫家高永趕了連續三天無法闔眼的稿後決定放棄（笑）。

認為台灣不缺好的漫畫家，卻缺好的漫畫創作輔助人員，因此研究所轉念企管，畢業後進入商業漫畫出版社的營業部門，負責漫畫出版規劃、發行業務及銷售推廣活動等，是台灣漫畫業少數擁有完整上下游實務經驗的漫畫從業人員。

曾任動漫情報誌《先鋒動畫》專欄作家、《神奇地帶》編輯顧問、大然文化出版社流通部行銷企劃室主任、《漫畫商店情報》主編。現為台灣動漫畫推廣協會理事長、「開拓動漫祭」執行長、《開拓動漫畫情報誌》編輯顧問。

「大然」的各項嘗試

你對台灣原創漫畫出版現況的觀察？

我想必須對「現況」做出定義才比較能回答這個問題。如果從二〇一〇年後這個時間段來看，我認為台漫出版的現況是低迷、停滯的，而這樣的狀態並非只有近五到十年。如果排除日本翻譯漫畫，台灣原創漫畫出版的低迷其實從二〇〇〇年後就開始了。

我在一九八九年入行，前十年待商業漫畫出版社、後十多年經營同人活動，剛好完整經歷了台灣原創漫畫九〇年代黃金時期的興起、衰落，以及二〇〇〇年後的發展停滯導致新生代創作者僅能在同人活動中苟延殘喘的各個階段。從一個長期的觀察者角度來看，如果要為九〇年代台漫黃金時期的崩壞找一個清楚的事件作為節點，應該就是大然出版社[註1]的結束營業。

為什麼大然出版社的結束營業是台漫崩壞的「節點」呢？

「大然」的結束營業剛好反映了兩個很重要的指標：投資者的熱情消退，以及漫畫整體產業的萎縮。

培養一個「市場」非常耗費時間與金錢，除了要有人氣漫畫家的創作，還要有強大的行銷企劃、物流能力，以及具規模的販售點和多樣化的商品結構等等，並不是只要「出版」就能產生「市場」。在當時，「大然」是少數除了「出版」之外，還廣泛發展如漫畫教學、漫畫工具開發與進口、漫畫連鎖通路規劃經營，以及動漫推廣情報刊物發行等擴大漫畫市場規模業務的出版社。

這跟呂墩建社長在創業早期抱持著少年般熱情的人格特質有關。對他來說，「挑戰新事物」與「怎樣能更快、更好地畫出屬於台灣人自己的漫畫」是最重要的。一般正常企業在投資前，一定考慮投資報酬率、風險評估等等，他反而認為是次要的。

比方說，他在一九七四年創立「小咪出版社」時，發現很多台灣漫畫家連沾水筆都沒看過，就跑去日本買了整箱沾水筆回來，然後一個一個分送給身邊的漫畫家，就為了讓創作者能夠拿到更好的工具。在八〇年代初他創辦《小咪漫畫周刊》，也是基於「想把日本漫畫原稿的精美分享給台灣人知道」的動機（當時台灣的翻印漫畫大多品質粗劣，任意塗改與刪修是家常便飯），雖然還是無授權的翻印行為，但在心態上較傾向於「愛好者分享」而非單純為了「翻印獲利」。這樣的熱情吸引了許多漫畫同好聚集於小咪編輯部（例如漫畫家陳弘耀[註2]就曾擔任過小咪的編輯），這些同儕效應也間接促成了「小咪漫畫新人獎」成立，藉由《小咪漫畫周刊》的發行與推廣，小咪新人獎發掘出許多在九〇年代發光發熱的漫畫巨星，例如任正華[註3]、高永[註4]、游素蘭[註5]、周顯宗[註6]等人。

總之，我會用「大然出版社結束營業的事件」作為二〇〇〇年後台漫產業的崩壞點，有一部分是我認為在支持一個還未發展成熟的產業時，一個搞得清楚狀況、抱持熱情又出得了錢的人，是不可或缺的。像呂社長這樣對漫畫家的投資，感性大於理性的經營者，或許不一定適合企業營運，但對一個文化產業而言，在發展的前期能有這些非理性的投資是很重要的。

除此之外，呂墩建在台漫上還有做出什麼創新的舉動嗎？

台灣漫畫業中很多的「第一」都是他做的，因為他而開始了、激發了那些可能性，其他人才能接著繼續做下去，像是台灣第一間漫畫便利屋「阿克漫畫便利屋」就是他創辦的。過去漫畫工具大部分仰賴進口，像沾水筆、網點、稿紙等等只能在專門的美術社買，後來漫畫便利屋出現，就可以在漫畫便利屋買到這類工具了。甚至為了讓更多人能夠便宜入手繪畫工具，呂社長還成立「東陵文化」專門製作台產漫畫工具以及開發、代理漫畫周邊商品；後來盛極一時的「捷比漫畫便利屋」連鎖店老闆曾慶松先生，就曾是東陵文化的經理——可以說台灣漫畫專賣店的系統是呂社長一手建立的。

呂社長還做漫畫教學。當時大然的「第五編輯部」就是專門做漫畫函授教學以及各種教學書的。函授教學是跟「日本漫畫學院」合作，引進日本正式的函授教育系統。此外，台灣第一本動漫畫情報誌《先鋒動畫》、第一份針對通路商與小賣店的報紙型刊物《漫畫商店情報》也是他創辦的。

第一個把「同人誌」概念引進台灣的也是他。一九九〇年前後，「大然」為了搶無授權版《聖鬥士星矢》的上市速度，在單行本後半加入日本二創同人誌的「星矢小劇場」充頁數，發行後卻發現竟然比本篇還受歡迎——這是很多人青春的回憶，也是台灣人首次發現「二創」的魅力！他甚至還為游素蘭的《傾國怨伶》發行官方同人誌。這些都是在台灣出現同人誌即售會之前的創舉。

此外，台灣第一本BL漫畫雜誌《最愛》也是大然出版的，發行的部門是「第六編輯部」。

六編是獨立公司，正式名稱是「大禾出版社」，他也是第一個取得日本正式授權的ＢＬ雜誌以及系列出版品。在那個時代他居然敢做ＢＬ雜誌，由此可知他真的勇於冒險與創新，並積極做出各式各樣的嘗試。

做這麼多新嘗試，出版社真的有獲利嗎？

我想，應該有賺錢，但他對公司投資報酬率沒那麼嚴格的要求。對當時的呂墩建來說，做一件事，能否幫助提升整體漫畫產業，會比能不能賺錢更重要。例如一九九六年的國際書展，他花大錢租了很大的攤位區域，還把一半空間規畫成漫畫原稿展，更為了提高展出質感，花了一百多萬木作裝潢費。

他認為如果花錢可以提高漫畫水準，或是提升社會大眾對漫畫產業的觀感，他就願意花很多的資源與金錢去做。然而，投資不保證回收，很可能花了很多錢還不能改善狀況，得到的成果也沒有想像得好。可是有這種先鋒在前面衝，甚至做出錯誤示範，其他人就知道可以怎麼改；或是他已經做出了基礎，其他人也能做出修正。事實上，後來的很多項目都並非在呂社長手上發揚光大。

總之，他做了很多一個產業鏈形成需要的「嘗試」。他嘗試作漫畫教學、漫畫便利屋系統、漫畫情報誌。他也積極開發不同的漫畫創作類型，例如他在社內成立國人漫畫專屬的部門 CDE（Comic duty editor）也是當時業界的創舉。「CDE」部門裡有各種不同職責的人，除了漫畫家專屬的責任編輯之外，還有行政、企劃、公關等等。在公司內他還定期召開讀書會、教育訓練，以及設立跨部門專案企劃團隊——當時我們除了手上的工作外還要應付呂社長層出不窮的各種新花樣，根本疲於奔命——不過那時候的「大然」都是年輕人，雖然懵懵懂懂但執行力與向心力都很強，我們曾經以為台灣漫畫會因為大家的努力而起飛……直到呂社長改變經營方針、「大然」走向毀滅之路為止。

「大然」崩壞之後的台灣原創漫畫

大然倒閉後，台灣的漫畫產業發展狀況又是怎麼樣的呢？

台灣的漫畫產業並不像日本那樣有完整的發展脈絡。九〇年代能夠衝出繁華的榮景是個奇蹟，是天時、地利、人和所產生的奇蹟。當時的漫畫產業很熱鬧，而且不僅某一個點的單獨精彩，是每個點各自發展都很熱鬧。可惜二〇〇〇年以後這種活力就逐漸消失，原因不只是「大然」結束營業，最大的因素在於日本。比較明顯的是一九九五年《七龍珠》結束連載，當時《週刊少年 Jump》銷量直接從頂峰的六百五十三萬冊掉到四百零五萬冊，之後又碰上電玩、影視產業飛躍發展以及網路世代來臨，娛樂種類選擇變多，消費閱聽者的金錢與時間也陸續被瓜分。在這段連漫畫大國日本都面臨產業危機的時候，當然衝擊著主要獲利項目仍為日本授權漫畫的台灣漫畫產業。而在獲利變少的情況下，出版者對於投資趨於保守也是很正常的。在這些原因交互影響下，台灣在二〇〇〇年後整體漫畫產業變得停滯不前，甚至開始下滑。

台灣漫畫在九〇年代的榮景有些是「撐」出來的。當時出版社爆量起用台灣漫畫家的原因，除了「振興台灣漫畫」的大義之外，更現實的理由是日本漫畫雜誌授權的條件必須搭配相對數量的台灣漫畫家刊載。在這樣的前提下很多還未成熟的漫畫家，硬被拉到一線戰場充數——作品吸引力不夠導致讀者對國產漫畫失去興趣，長期下來就累積了「台灣漫畫不好看」的印象，也降低了消費慾望。

如果漫畫產業的衝擊沒有這麼早到來，能夠再多給台灣漫畫五到十年的蓄積時間，這種用日本漫畫帶台灣漫畫的「提攜制」，應該有機會支持台灣原創漫畫走過生澀期，而發展出真正具有市場吸引力的作品。可惜的是整個大趨勢無法挽回，在整體獲利下滑的時期，出版者開始減少投資在燒錢又無法確保回收的台灣原創漫畫，使得原創漫畫發表平台減少、漫畫家稿費降低、漫畫創作輔助人員職務減少等等。這樣的惡性循環下，台灣漫畫在二〇〇〇年後面臨了審查制度之後第二次的斷層期。

從同人活動到台灣漫畫

商業模式的展望

台漫在晚起步又資源少的情況下，建構出什麼樣的商業模式？

要談商業模式還是要從日本談起。從一九九五年《七龍珠》結束後，漫畫出版、整體紙本出版都往下滑。日本漫畫產業從六〇年代開始到二十世紀末，四十多年間所累積出來的獲利模式受到了挑戰。在一九九五年後的十年間，他們一直尋找新的獲利模式，而在二〇〇〇年初期出現了「萌系」漫畫產品，也就是包括輕小說、虛擬偶像、角色經濟等男性向作品系統。這個系統賺錢的並非只靠內容本身，而是從內容衍伸的驚人周邊效益。這就是授權產業的概念，也就是近年流行到已經氾濫的ＩＰ（Intellectual Property）概念。

日本在摸索的過程中逐漸明白，紙本不再能壟斷市場及獲得消費者的專一關注，因此開始自我提問：在多媒體時代該如何去搶奪觀眾的目光？並且從他們的口袋掏出錢來支撐產業？這個問題的答案，從一九九五年到二〇〇五年，幾乎全世界動漫產業都在尋找。日本在二〇〇〇年後發展出秋葉原御宅族經濟，歐美則是改編成聲光效果驚人的好萊塢電影，都是從多媒體跨域中找到商業模式，進而克服產業的蕭條低迷。

台灣則是在二〇一〇年後才從日本、韓國甚至中國大陸的產業操作中，發現做ＩＰ、做周邊、做好產業上下游鏈結是有辦法賺錢的。但由於基礎產業結構不完整，台灣只能等「產業先進國」找出答案並有實際成果後，投資者才有信心投資與嘗試。

在這尋找與振興台漫的過程中，同人活動又扮演著什麼樣的角色呢？

台灣在二〇〇〇年後的漫畫業實際有持續營運、累積並形成規模經濟的，大概就是同人誌販售會了，我們可以從ＦＦ和ＣＷＴ的社團組成結構來探討。

我之前有稍微調查過，ＦＦ場的收入是Ｍ型的，也就是男性向的頂端大手收入可能數倍於以女性向為主的ＣＷＴ大手，但就只有那幾位，可能不會超過十位，至於中手或是小手則可能一場只能賺到剛好打平生活費或學費的錢。以女性向為主的頂端的社團則可能沒辦法一場賺到那麼多，但相對來講能賺到一定收入以上的社團數量卻比男性向多。這當然跟消費場域的屬性、消費者等有關。是三角形，頂端人數少、賺得多，越往下人數越多但賺得少。CWT比較像是錐形的，「中產階級以上」可能佔一半或三分之二，雖然賺得沒很多，但一年多場加總可能會比FF中間社團來得更多。FF比較像商業的原創漫畫模式：強者是少數，資源也集中在這些少數。

要說台灣漫畫產業未來的可能性，我認為大家應該要先向內看。也就是說，你不要看人家日本紅了的IP可以創造幾百億的營收，而是我們應該先確定，願意投入這個產業的創作者與相關人員是否能夠有基本的收入養活自己，才能進一步考慮穩定提升創作能量。

就這一點而言，同人活動對於欠缺基本產業結構的台灣漫畫而言是很重要的。甚至如果問台灣從二〇〇〇年以來發展出什麼「具獨特核心競爭力的運行系統且能持續營利」的商業模式，那就是「同人誌販售會」。

我們一直在做的，就是當出版社沒有辦法為培育人才而投注資源時，至少這個場域提供創作者養活自己進而持續創作的可能性；這一點在《CCC》的出現上得到非常好的印證。《CCC》在創刊時需要的大量優秀漫畫家很多出自同人會場，這些漫畫家都是在二〇〇〇年的斷層後，在同人會場靠販售自製作品來維生並磨練技巧。

對台漫的產業未來，有什麼樣的看法？

台灣必須好好確認自己的內需，卻不是像傳統產業要求能滿足財務報表上的帳面平衡就好的東西。我們需要的，在個人面能夠自己養活自己、持續產出作品；在企業面，希望能出現像呂墩建社長那樣搞得清楚狀況、也願意做長期投資的人；甚或國家出面投注資源。

我們需要靜水深流式的經營，先產出好的作品，感動閱聽者，閱聽者再以金錢或情感形式，將能源回饋給產業，形成良性循環，建構出穩固的粉絲經濟，再以這塊基礎向外擴張，這樣才能發展出真正屬於台灣自身的漫畫產業。

為什麼日本動漫商品可以行銷到全世界？並非日本漫畫選擇了世界性共通主題進行創作，而是前面有太多日本動漫已經先以內容去做前導教育，將日本的宅文化滲透到全世界。現在世界上，包括歐洲、美國，對於閱聽日本的動畫或漫畫語言已經沒有障礙了，所以感覺上日本動漫畫很世界性，那其實是日本花了六、七十年才讓世界養成這個文化。

如果從八〇年代帶領日本走向國際的那批動漫作品像《聖鬥士星矢》、《城市獵人》、《七龍珠》、《哆拉 A 夢》開始算的話，也都有三十年了。他們花了三十多年的時間，發展了屬於日本動漫的風格與表現方式。

要振興漫畫產業，獲得基礎粉絲的支持及擴張作品影響力是非常重要的。事實上，現在台灣的同人場就已經能做到這兩件事：至少滿足一個基本族群，賺到足以支持持續創作的錢。

但是，同人創作多受限於題材以及擴散規模，沒有辦法成為「產業」。一個產業的形成不能靠特例，也不能指望天才，它必須靠完整的上下游分工，從企劃、產出到行銷、流通，每個階段都得靠專業工作者來達成，進而確定獲利機制才能可長可久。現在大部分人對漫畫產出物的觀念，都還停留在「內容」而非「商品」，台灣漫畫出版要提升為「產業」，進而與世界接軌，首先必須認知這是一個高度專業分工的鏈結，而非集中在「內容」產出而已。

台灣如果要發展自己的漫畫產業，我覺得：首先，美國、日本已經走出自己的方向了，我們可以參考，這是一個指標。第二，在明白這個前提之下，要花一點時間培養台灣本土漫畫的支持群眾，而創作者也必須讓這些基本的支持群眾感到滿足，養成產業消費習慣，並且確保世代延續。至於能否像美、日動漫產業那樣發展成世界性的規模經濟，就必須等待時機了。

附註

註1 大然出版社，創辦人呂墩建。前身伊士曼小咪出版社於1974年成立。1988年正式成立為大然出版社。2003年結束營業。

註2 陳弘耀，台灣漫畫家。曾獲得第三屆小咪漫畫新人獎佳作。代表作品為科幻武俠漫畫《一刀傳》。

註3 任正華，台灣漫畫家。曾獲小咪漫畫新人獎與新聞局劇情漫畫獎。代表作為《修羅海》與《頑劣家族》。

註4 高永，台灣的漫畫家及作家。曾獲得數屆小咪漫畫新人獎。代表作為《梵天變》、《星座刑事》、《隋唐英雄傳》。

註5 游素蘭，台灣的漫畫家及作家。1989年的作品「古鏡奇譚」之一《傾國怨伶》在《周末漫畫》雜誌上開始連載。

註6 周顯宗，台灣漫畫家。曾獲得數屆小咪漫畫新人獎，包括第三屆第一名。代表作品為《摺紙戰士》系列。

韓京岳

——編輯能夠提供作者的是「不只要畫出一個好看的作品，還要畫出一個能賣的作品」。

未來數位有限公司社長。

原為光華商場盤商以及同人社團參與者，以對市場獨到的眼光得到了日商的賞識，並於二〇〇六年設立公司，最早的業務為代理日本成人遊戲。雖然台灣已過了當年的黃金時期，現今仍有不少支持者。二〇〇九年，從韋宗成老師的《馬皇降臨》，開始經營台灣原創漫畫。現在公司業務包含日本成人漫畫代理、遊戲代理以及台灣原創漫畫出版。

成人遊戲起家與言論自由議題

怎麼會成立「未來數位」？以及近年來的發展？

我之前在光華商場做盤商，更早之前則在玩同人社團，那時候還沒有FF，甚至CWT也還沒有出現，當時台大就已經有類似日本的動漫同人活動；學姐社團來跟我邀稿，畫的是《魔神英雄傳》的同人。

總之，我就是一邊玩同人，然後一邊在光華商場做盤商。

「未來數位」於二〇〇六年正式成立，當年社團前輩介紹了日本遊戲公司WILL[註1]給我，對方社長也對投資台灣有點興趣；他問台灣的遊戲有什麼通路，我就跟他說一些實際狀況、可以賣多少、盜版狀況如何等等。他覺得我提供的數字都很紮實，問我有沒有興趣開一間公司，我就想說來拚拚看。因此，我們公司的主力商品就是美少女遊戲，還有女性向遊戲——敢在國內代理這些遊戲的，這麼多年來就只有我們而已，大家都不敢碰限制級吧！

之後，跟日商往來多了，便遇到一些莫名奇妙的要求，像是辦展覽或是其他相關的精品、不相關的產品，以及漫畫授權等等，我們就依照阿宅的興趣本位，覺得有趣的就承接下來。

原創漫畫的部分，起初主要是跟宗成的合作，大概是二〇〇九年從《馬皇降臨》正式開始。之後，我們也舉辦漫畫比賽；台灣有一陣子缺乏漫畫比賽。我跟宗成聊過之後，覺得既然沒有的話，我們就自己來吧，就在二〇一〇年開始辦「未來盃」，反應很熱烈，也挖掘不少新人。後來許多大出版社又開始舉辦漫畫比賽，我們就把這個比賽撤了，但仍然將「未來盃」的得獎作品出版，銷量還相當好！我們追求的目標，就是有辦法商業出版、能擴展市場，像哈亞西[註2]的作品就反饋不錯。

你們出版的漫畫作品，在台灣市場的能見度怎麼樣呢？

我們的作品在一般漫畫便利屋的話，比一般漫畫的上架狀況都還好。很多漫畫大概上架不超過半年就結款下架，我們的作品原則上都會超過三年。

網路書店這些主要平台我們也都有。

但是，有一些因為作品屬性不能上平台。

十八禁的嗎？

其實這標準很浮動。像是我最近出十八禁的商品，有些連鎖通路反而開始販售。

台灣對十八禁作品有什麼管制？

有管制，就是在包裝上要標明。之前二〇〇七年大法官釋憲[註3]那場大戰後，幾乎把法規確定下來，大致上都照這方向走，就是要有十八禁專區、包裝完整明確標示十八禁，且購買時要出示身分證明。

我只能說能做到這地步已經相當不錯了。本來就應該做出明確的分級，然後在販售端確定小朋友不會買到級別錯誤的書。

在這之前，比較大的問題就是規矩一直變。當初就有店員硬是被拉去警察局，說你販售猥褻物，一定要簽一份承認你有犯罪、繳交保釋金的類似「恐嚇行為」。我那時候當盤商通路，到處都在幫忙店家打這些官司、跑警察局，就算最後無罪也很煩。那時候有很多漫畫店就這樣收掉了。最後錄影帶店和出版等各通路聯合，搞了一個十萬人聯署，請大法官釋憲。

十八禁作品，即使遵守了法規沒問題，有沒有社會上的壓力呢？

確實向來主要都是社會壓力，通常是家長檢舉，然後政治人物配合演出。我想這是沒有辦法避免的，因為我們沒辦法讓每個人的腦袋都跟我們一樣啊。但我們自己也是社會的一員，只要和我們想法相同的人多了，自然也是一種追求開放的社會壓力。

與原創漫畫家的合作

有關原創漫畫的部分，怎麼跟旗下的原創漫畫家合作？

以前都是各自在宅工作，最近因為案子越來越多，為了提升效率，這個月（二〇一七年四月）開始，挑戰把大家聚在一起（工作室裡）的工作方式。

至於怎麼跟這些作家合作……無論透過比賽或人家介紹，總之見面時先確認一下這個人的夢想到底是什麼。因為每個人都有不同的需求，有些人的喜好主題就是能快速地打開市場；有些人則是他這輩子想要創作的主題在目前市場不受歡迎。我們就要挑選合適的時機，幫助他加入市場——即使冷門也會有一群市場的，這就要針對作家一個一個打造。

然而，最近有個明顯的變化，就是差不多二〇〇九到二〇一〇年左右在創作的作者，通常都有自己想要創作的東西，但最近碰到的作者比較沒有自己想要創作的東西；這一點我還不知道是怎麼演變的。

你都是如何發掘出這些作者呢？

透過網路認識的還是最多的。

朋友介紹是另一種方式。作家會認識其他作家，再去介紹其他作家。

之前辦比賽也是一種方式。不過因為前段時間各大出版社過度開發的關係，感覺差不多把台灣這個世代的人才都挖出來；至少積極想要把自己的作品發表出來的創作者都差不多曝光了——一年就有十幾個新人賞，還有各式各樣的網路管道。

還有一種狀況是某畫家很有名，看見這個畫家，你可能想主動去認識，或是對方會主動過來。

「未來數位」編輯的主要工作是什麼呢？

就是發掘作者和作品的商業性吧！像是觀察這幾年的大市場，然後協助作者把書做出來。還有實戰，編輯需要實戰，不能只講理論——必須經過市場的驗證，編輯提出來的理論，可能要出版社賠了幾十萬、幾百萬甚至上千萬才能驗證——在這些數據之上，編輯講出來的話才有參考價值。

有些編輯可以提供作者畫技建議，不過那並不算是編輯的主要工作；作者要能自己判斷哪個才是好的。編輯能夠提供作者的是「不只要畫出一個好看的作品，還要畫出一個能賣的作品」，你必須要有你的市場、你跟讀者的連結。找到跟讀者的連結，才能夠把喜歡的東西繼續畫下去。

會協助漫畫家在網路上經營自己嗎？

如果我有這方面的專長的話我會想做，但實際上我這塊很弱。宗成自己比較有在經營啦！這方面我想要找到高手來協助。

你們的漫畫家有助手嗎？

本來助手制在日本就是很曖昧的東西，日本已經分成了大出版社的專業助手跟比較小的漫畫集團，後者是學長帶學弟的概念。到底哪一種比較好也很難判斷，只是在台灣扯到助手制就會講到一些法律的狀況，所以至少也要按照標準薪資來付報酬。宗成這麼多年來都沒有助手，這幾個月才開始有。我們開始採用助手制是希望可以訓練一些新血，不過還是需要一些時間驗證效果。

什麼原因讓你們從「沒有助手到有助手」呢？

在台漫市場，一部作品可以賣多少本？我們幾乎已經挑戰到極限了！譬如說《馬皇》賣了四萬本，這在台漫算是不錯的數字了。《冥戰錄》第一卷賣了一萬四千本，以近期台灣的少年漫畫來說，幾乎已經沒有這種數字，可是頂多也就這樣子。所以到「頂端」後，現在要擴充的方法就是接案，再來就是電視劇、動畫這些異業合作，所以也試著用助手看看。

你認為單行本的出版頻率，怎樣比較好？

在台灣我覺得至少一年出一本，不然沒辦法當職業作家，連職業同人作家也是一樣。一年一本的標準也很難判斷，因為作品取向會影響出版的頻率，像一些少女漫畫或青年漫畫是三年、十年才出一本，收入已經不僅僅來自於出書了。這只是一種基本的判斷方式，但每年出一本商業作品出來跟讀者打招呼，有固定曝光度，這樣比較容易留在這個市場。

會不會給作者「死線」？例如說什麼時候一定要交稿？

多少都會提，但與其說是死線不如說是最好的上市日期。譬如接下來半年內有什麼樣的機會可以登場，在這個期間登場的話，市場會比較容易開拓。如果來不及的話，可能就等到下半年另外找機會。如果再不行，半年半年過去，作者可能也沒有辦法成為職業作者了。

在台灣，漫畫家其實好像還滿難維持一年至少一本作品出版的。你會不會覺得台灣能

夠維持這樣頻率的職業漫畫家其實不多呢？

如果限定出版形式就很少，不限定形式的話卻異常的多。圖文作家其實也算漫畫家啊！還有畫條漫的漫畫家也很多。現在出道的機會多，稿費也比之前多。比起以前，現在有更多可以成為作家的環境，不一定要靠單行本銷量來檢證也可以拿到不錯的薪水的。目前可以當職業作家的方式越來越多、人數也越來越多，我希望能夠趁這個時間點的資源還在的時候，就能出現一些台漫代表作啦，不然到了下一個階段的話就怕沒資源了。

什麼是「這個時間點」和「下一個階段」？

現在是一個好的時機點，但這個時機點最多只能撐三年。好的時機是指目前資源豐富，很多投資方都願意讓小公司做市場實踐，各式各樣的發想都能被審視，像《通靈少女》確實是在很好的時機點。但是，如果沒有人產生名作，那投資方當然就要撤走，而刊載平台每撤掉一個，台灣就會多出二、三十個流浪漫畫家來。所以這種時候需要提出能夠成為這個時代的代表，影響接下來十年以後的台灣原創，就像《仙劍奇俠傳》是當年那個世代造就的一個經典。我們要在這個時間點打造十年以後，可以引起一個大市場的台灣經典作品。

台灣漫畫家之前在中國大陸還挺受歡迎的，但現在中國大陸他們的漫畫家正在崛起，而且他們懂得自己世代的語言，好看的作品就變多了。而這種狀況接下來兩、三年會越來越多。

異業合作促進漫畫的曝光率

「未來數位」漫畫家的收入來源？

稿費、版稅、接案和同人誌。

像是接日本的案子、手機遊戲的案子，這些都是報酬相對高很多的。

單行本算是一種對自我的投資，就是打造自己的IP、打造一個我想講的故事；這個作品成為IP之後，就會有各種異業合作及各式各樣的周邊出現。

如果一開始就是接其他人的案子，例如說日本出版社委託的原作改編，就算紅了，也很難自由運用。

你們除了接日本、中國大陸的案子之外，有沒有政府的案子呢？像二〇一七年的台北燈會？

我們經常會遇到政府的邀約，但好像沒有接過政府的案子。政府的邀約像是海內外展覽，需要台灣作品來展示。

至於台北燈節，其實不是政府直接找我們，是「紙風車」他們接了政府案子，然後合作時採用宗成的默娘形象；我們只是授權——雖然出了一點狀況，宗成跑上去刷油漆——不過這次燈節確實讓「默娘」的知名度變得不一樣，之前我覺得只在台灣漫畫圈中有名，但這次就連一般人也知道了。

話說回來，其實政府接案不是我們專長，所以除非有認識的人強力委託，否則原則上是不會碰這一塊；想來就覺得麻煩，關卡又很多。

最後，是否能談談「未來數位」的成功模式以及失敗的經驗呢？

談成功模式的話，七年來就只有《冥戰錄》勉勉強強算吧！確實我們努力了很多。大家都創造了很多台灣原創作品，但還沒讓人滿意的大成功。至於哪一個角色能讓這個世代都喜歡，讓大家都留下印象，這可能就是各憑本事努力後再加上碰運氣了。我除了主動出擊外，大多廠商也是看到默娘找過來，也就是說大家確實被默娘吸引，所以我們優先打造默娘這一點應該是沒錯。

至於如何打造市場，這件事情不只看作品內容或畫技而已，也包含了作者的定性跟耐性，因為有才能的天才出現並不少見，但是因為個人的情緒控管、私人的事情等等，就從創作圈退出的也是多有所聞。所以，想要在這個圈子生存的話，我還是希望大家要更有耐心啦！

像宗成的《冥戰錄》，雖說現在賣得很好，但想當初首刷一萬本，經過了三個月之後，被退了七千本回來，我們就把書一箱一箱扛回樓上放著，後來店家慢慢補貨，我們再一箱一箱扛下來，直到兩年前才終於全部賣光了。如果我們一開始就沒有那個耐性，在第一批退貨的時候，就說《冥戰錄》到此為止吧，那就不會有後面這些事情了。因為我自己判斷這個作品可以賣到一萬本，所以要負起責任啊！綜合了《馬皇》當時的聲勢，再加上我們跟漫畫便利屋有比較好的合作關係，有專櫃可以放在那邊用寄賣的形式一直擺著，再加上宗成有毅力推出後續，終於堅持到增刷、三刷的時候真的很感動。可是這真的要很有耐心啦，你要看著倉庫的書，並且相信遲早有賣完的一天！這算成功還是失敗經驗談呢？

附註

註1 WILL（株式会社ウィルプラス）：日本遊戲公司。

註2 台灣漫畫家，代表作品為《戰術仙女花木蘭傳》。

註3 指2007年1月26日大法官釋憲針對「兒童及少年性交易防制條例第二十九條是否違憲？」做出的解釋，與色情刊物與內容的擺設、出版有關聯。

黃宏榮

——專業的責任編輯

第一個須要具備的能力是社會化。

黃宏榮

二〇一三年左右加入友善文創，負責旗下所有作家的責編工作。目前責編作品包括：《時間の支配者》(JUMP+)、《魔技科の剣士と召喚魔王》（月刊コミックアライブ）、《失格紋の最強賢者》（マンガUP！）、《俺の現実は恋愛ゲーム??かと思ったら命がけのゲームだった》（マンガUP！）等作品。

友善文創

成立於二〇〇七年，以開創文化事業、精進國人創作為職志，積極培育新生代華人作者。善用業界經驗與人脈，促進台灣／日本／中國雙方作家、公司之合作，發揮相輔相成之功效。主要業務為內容製作、版權商談與ACG（動畫、漫畫、遊戲）產業顧問。往來公司以日本／台灣／中國大陸為主，目前持續關注文創事業之發展，並計劃展開策略聯盟加以推廣新文創內容。

「友善文創」責編與公司發展

「友善文創」在何時成立？你一開始就加入嗎？負責什麼工作呢？

友善文創於二〇〇七年成立。剛開始業務量沒那麼大，他（王士豪）就是一個人在書房接待客戶，那時我另有工作在北京，因我們認識久有默契，他會交給我翻譯和處理一些事務。約二〇一三年上半年，我從中國大陸回來，「友善文創」正好開始擴張業務，我就加入了。雖然我正式加入公司只有四年，但是我們一起共事超過二十年。之前就有在幫忙翻譯、看提案書、企劃書。我念研究所時的研究主題是日本家用遊戲產業研究，因此對日本ＡＣＧ產業算是有所了解。

我現在負責的是所有作家的責任編輯。公司現在有六位作家，再加上今年即將出道的，加起來會有八至十二位。

這樣的工作，壓力大不大？

遇到截稿期間，一天大概二十四小時都在工作。截稿期一般都在月中，每個月十號到十六、十七號左右。有些作家比較準時，例如彭傑老師，就會在截稿期前三個月就全交了。有些則是跟我們一般看到的漫畫家一樣，趕在截稿期前跟日本的編輯說，「再等一下！再等一下！再等一下！馬上就好！馬上就好！馬上就好！」

甚至有時候連續工作時間會到二十六至二十八個小時，就是「截稿時間」一直到凌晨兩點到凌晨四點都有。

專業責任編輯該具備哪些條件？

專業的責任編輯第一個須要具備的能力是社會化。台灣的漫畫產業裡很多編輯純粹因為熱情而來，往往有熱情，卻不知道如何把熱情轉化為專業能力，或是對漫畫家的助力。這種狀況往往把自己的喜好一廂情願灌到漫畫家身上，也造成漫畫家與編輯互相不信任的原因之一。

這樣的現象跟台灣的產業環境有關。以日本的漫畫出版社為例，集英社、講談社、小學館、角川書店等公司在對外招募編輯時，來應徵的有很多像是京大、東大、一橋、名大等知名大學的文科科系生。日本大型出版社在日本的地位，好比台積電、鴻海等電子業在台灣的地位，可以吸納日本的精英人才入社培育與訓練。可是台灣的漫畫產業一直都是弱勢，所以在最初步的人才應募就已經有相當大的差距。

為什麼要社會化呢？第一，編輯要處理的，除了內容之外，還要能跟漫畫家溝通。我們可以把漫畫家想像成藝術家，他們的語言跟一般人的語言不一樣。因為漫畫家有他們的個性才能畫出獨特的作品，在這樣的狀況下，責編要比一般人有更好的溝通能力，才能和漫畫家溝通。

另一個重點，是編輯不管要做什麼樣的作品，就算你對這個領域不懂，也要能快速獲取入門知識，必須不斷學習，以及能夠提供作者資源。例如在做《屍體派對》的漫畫時，可能要找一些斷手斷腳的照片，或是人在精神不安定狀況下會有什麼樣的表情。像《魔技科》（編按：全名《魔技科的劍士與召喚魔王》）這一部是以神話故事、所羅門七十二柱為主的作品，所以我們就去找相關資料，匯整起來給作者。

「友善文創」除了老闆和責編以外，還有其他編制人員嗎？

兩年前只有老闆和我，最近多了兩名行政專員：一名負責行政業務，一名則是我會把已經做得比較順的連載給他處理。我就主要負責開拓的部分。

如何在這幾年有這麼大的業務呢？

我們去經營一個市場的時候有開拓期，之後有成長期。我們最近在日本的業務就是進入了成長期。一開始，公司的作者根本沒有工作和作品，我們要做的就是去日本推銷，把台灣作者推出去。

然而，日本為什麼要用台灣的作者？日本的作者已經滿地都是了。日本最大的同人場三天有兩萬個攤位，光是這裡可能就有兩萬個業餘作者——當然有為數不少的職業作家參與其中，更不用說（出版社的）職業作者。日本中古書店的漫畫區，長得就像我們的家樂福，常會在其中找到故事精彩、畫風細膩卻不認識的作品，這代表我們常接觸的只是日本漫畫金字塔頂端那一塊，中堅階層我們很少接觸得到，而這個中堅才是真正支持日本漫畫市場的一個區塊，包括人、產品以及產業本身。我們一開始遇到這狀況是很震撼的。既然人家有這麼多作者，為什麼還要聘用海外的作者？

我們的作者聽不懂他們在講什麼，語言溝通就隔了一層，物理距離又隔了一層。其實彭傑老師的作品曾經進入《JUMP》的編輯會議，當時編輯投票是同意比不同意三比四，只差一票。沒有過的四票所持的主要原因，在於他們不信任海外作者能準時交稿——能否準時交稿這點很重要，在《JUMP》上拖稿是一件非常嚴重的事，所以《JUMP》連載的作者不論是哪裡人，都會要求他們搬來東京，方便編輯部進行各種控管。

我和士豪都是做周刊雜誌（電玩雜誌）出身，所以我們清楚周刊雜誌在製作上的流程與壓力，能夠在進入日本市場初期就替作者們作好規畫與心理建設，並且建置助手體系，以此跟上日本周刊或月刊的節奏，同時還能產出即使在日本市場也是中上水準的原稿。

我們累積的成果便漸漸受到日本出版社的信任，從原本我們要去找他們，到現在日本出版社會主動來找我們要作者。

為了海外投稿方便，你們旗下作者的作品應該都全面電子化了吧？

在士豪創社的時候就全面無紙化了。彭傑老師登上《JUMP+》的那個時候，《JUMP》還是採用紙稿錄入的形式，連貼網點都是紙稿，他們都是紙稿再掃描進去。那我們既然著眼日本，要如何交稿呢？跟日本編輯討論分鏡的時候，若畫在紙上還要掃描，甚至把分鏡寄過去，來回就很花時間。所以只能電子化了。

然而，我們電腦檔案過去《KIBA&KIBA》時，卻造成他們編輯部不少困擾，因為他們沒有接過電子稿，甚至不知道解析度怎麼設置，要如何防止網花之類的。

進入日本市場的台灣作品

為什麼會選擇面對日本市場而非台灣市場？

日本市場的規模夠大，有成熟的規範，並且有各種成功的案例，也在那樣高度競爭的環境下才能獲得成長。

此外，因為市場規模夠大，在日本市場成功，能夠獲取的回饋相對就比較高。有一本漫畫上講過，在日本你要當漫畫家就跟賭徒一樣，風險很高，但是成功了報酬也很高。

除了「集英社」，還有跟其他的出版社接觸嗎？

《新宿 DxD》是「講談社」，其他還有像「角川」、「SQUARE ENIX」等等。我們能夠順利切進入日本市場，就是合作的「SQUARE ENIX」是遊戲公司，很早就開始做 online 漫畫。

一開始的時候，我們會主動去日本推銷自己的作者。最早大概十年前，士豪會去跑「講談社」、「小學館」、「集英社」等等，但他們的態度就是，「日本有這麼多作者，為什麼要用台灣作者？」後來因為之前做雜誌的時候和「SQUARE ENIX」版權部門有滿多的聯繫，而他們剛好有線上連載，就促成強強老師成為我們公司第一個在日本連載的作者。

這些在日本刊載的台灣作者的作品，有出版成中文嗎？

「友善文創」並非出版社，所以之前合作的那些連載，有些則由台灣其他出版社出版，例如《魔技科》，小說是台灣角川出版的，漫畫版權則是尖端的。

台灣作者和日本作者，作品有什麼差異？

不同地方作者畫出來的作品可能有不一樣的觀點。

再來就是我們有他們不知道的梗或者題材，但是我們還是要畫出能被他們的市場所接受的。

例如：彭傑老師在畫《新宿 DxD》時有一個狀況：我們畫出來的流氓不像日本的流氓。或是我們在畫日本的高中女生時，就被說她們不會有這樣的姿勢或不會講這樣的話等等。

面對日本市場的高度競爭，你們會特別留意漫畫家的抗壓性嗎？

基本上像是在比稿時，一定有很大壓力，像是分鏡被打回來三、五次是常有的事，一次就過反而是天方夜譚。所以，我們一定會先給作者震撼教育，把日本的現實跟他們說，問他們，「能忍受分鏡被打回來十次嗎？能忍受作品被這邊改那邊改嗎？」再來就是能不能畫到像日本作品的精細度？能不能和日本的作者站在同樣的舞台上對打？如果不能接受這樣的要求和訓練的話，那我們會說我們公司可能不適合你。

你的工作和日本的責任編輯一樣嗎？

基本上差不多一樣。現在日本的責任編輯會主動找我們參與合作，有些是我們作品過去，有些是他們的作品過來讓我們畫漫畫。

例如《屍體派對》是一個與電影的合作案，連載為期一年多。這是電影的漫畫改編，目的是跟電影一起做 media mix 的複合曝光；電影宣傳的同時，漫畫開始連載，電影宣傳期結束後，漫畫就出單行本成為一個產品。他們提供這個合作案，問我們有沒有合適的作者可以參與，我們就派出當時最年輕的肝匠老師，並經過和日本的漫畫家一番廝殺後，拿到了這個機會。

很多台灣的出版社常常是作者意見高於編輯，而你們直接把日本的編輯模式拿來用，看來是個很不一樣的作法？

應該這樣講，其實台灣的漫畫產業鍊是不完整的。台灣的出版業陷入不好的循環，就是可能招不到好的人才、招到的人才要從頭訓練。

一般來講，台灣的漫畫家年資普遍比編輯的年資長，使得漫畫家不信任編輯。像在日本新作者會由老編輯出來帶，就算是新的編輯，他入社時間一定比作者早，也已經有了建立好的市場規則，然後在一定的規則下進行，有比較基礎的規範。台灣的編輯尤其是漫畫編輯流動性高，使得漫畫作者對市場的認知與資歷常常比編輯高，這樣的話，編輯要用什麼來和作者溝通，進而協助或引導作者創作出好的作品呢？

另外，我說日本漫畫家是賭徒，其實意味著他們如果成功了會有高報酬。可是我們台灣的漫畫家要追求什麼目標？很多台灣漫畫家說我要成為尾田榮一郎，但是台灣沒有那個環境讓你成為尾田榮一郎；你的漫畫再好、再精彩，在台灣就是三萬、五萬冊的銷量封頂。《海賊王》有現在的成就，不是只靠尾田，也不是只靠漫畫，而是從漫畫產業擴展到其他產業之後，讓整個社會甚至是全世界都能夠知道這部作品。這也是我們為什麼要把作者往日本送，因為日本的產業有完整的競爭方式，才知道怎麼成長——漫畫家要成長，編輯也要成長。

那麼，與中國大陸方面的合作情況呢？

在中國大陸市場和在日本的市場一樣——在別人的市場上要如何擁有話語權——那就是靠實力說話。

以漫畫來講就是要畫得比別人精彩、畫得比別人漂亮！一個產品能不能暢銷有三個原則：夠不夠快、夠不夠好、夠不夠便宜。要暢銷的話至少要能做到兩個點，當然能做到三個點最好。當然我們不走便宜這條路。

中國大陸他們漫畫要彩稿，還有，他們的更新頻率比較不人道。因為這種狀況，導致他們往往是用工作室的方式創作，有點像以前的港漫或現在的美漫，有很細的分工。曾經聽人說他們是中國大陸中小型的工作室，一個月就只能產出兩千五百頁，讓我們聽到啞口無言。可是，他們就只是在衝量，衝了一堆作品出來——這樣的方式要產出好作品的機率還是非常的低。

我們的定位就是有能夠產出日本等級作品的作者，以一定的產出量提供優質作品。若要求我們日更（連載每天更新的作品），只好直接婉拒，因為這是我們做不到的事情。

作者、助手、練習生

你們的漫畫家一個月可以畫多少頁？

因人而異，但是基本要求是一個月四十頁的日本品質稿件。

你們的漫畫家有助手嗎？

我們有點像日本和德國統合的狀況，走的是師徒制，這在目前台灣社會算少數。不過事先會跟助手講我們的制度，能接受再進來做。

如果能力上沒有達到助手水準的話，可以當練習生，就是發作業給他們，然後讓老師幫忙講評修改。

助手和練習生，聽起來有點像在育成？

就是有點像通信教育啦！有些人的實力雖然不夠進工作室，但還是想進這個行業的話，我們還是盡可能給一些指引。

進來「友善文創」就能看到日本第一線的情況，而且我們希望養成的作者至少可以跟日本中上水準的作者競爭。

但練習生本身不是我們公司管，我們能提供的也只是一些作業並且指導，如果有些人連最基本的東西都不懂的話，只能跟他們說你先去坊間的電繪補習班上個課會比較好。

你們的漫畫作者有穩定的收入嗎？

只能說我們作者的收入絕對比一般公司中階主管來得好。

「友善文創」也接受投稿嗎？有沒有什麼特殊的狀況？

有些人會帶著作品來說：「這是我的作品，請你幫我拿去日本。」其實很多人搞錯我們的定位，把我們當成版權代理公司。

不過，應該說我們不收既有的（已有連載）作者，我們不挖角也不接受空降，至少要進來當助手一段時間後，才能看作品能不能出道。

為什麼要進到老師的工作室當助手？就是要讓你知道助手做什麼工作、知道老師怎麼指揮助手、工作室要怎麼組成，以及職業漫畫家老師每天每週每月的工作日程怎麼安排等等。學習完這些東西之後，才有辦法去營運自己的作品和工作室。

作品動畫化的經驗談

彭傑的《時間支配者》在二〇一七年被動畫化，你們應該也是第一次接觸這個過程，有什麼感想嗎？

翻天覆地（笑）！雖然我們常常聽到日本的動畫業如何如何，畢竟都是站在外面看，參與進去才知道比想像的還要「艱困」。你沒有進入那個產業的話，完全不知道它的好和壞在哪裡。

漫畫作品被動畫化也可說是一個成功模式，這種模式有什麼可以學習的地方？

一部漫畫被動畫化的原因是什麼？受歡迎！

需要哪些特點才會受歡迎？畫面角色漂亮、故事引起共鳴，重點還要能夠穩定連載。日本的漫畫動畫化，最基本的評判標準——有沒有七本以上的單行本——這是最基本的。如果沒有七本單行本的話，內容不夠做一季動畫。回過頭來看，在台灣能夠擁有七本單行本作品的作家有幾位？

再來則是看產量，就是連載速度要穩定。日本漫畫家以月刊來看，一個月連載四十頁，四個月的連載大概就可以出單行本了。換成周刊來說，一周二十頁，兩個月的連載就足以出單行本。但以台灣漫畫家的狀況來說，順利的話十個月一本，大概就是一年一本單行本。讀者可能拿到單行本的時候還要回想上一部單行本講到哪裡。這就是台灣作者很大的問題，產量太少。以前娛樂比較少，可能這漫畫等三個月到半年讀者還很期待下一話，但是現在三個月後就會完全忘記看了什麼。

如果要有這麼多且穩定的產量，肯定也要有助手幫忙。可是以台灣作者的狀況，不一定有能力請助手幫忙吧？

我們來算一下台灣漫畫家的薪水，一個典型的月刊連載漫畫家，假設他拿到的稿費還不錯，可能一頁一千元或一千兩百元，那他一個月二十頁，大概就是拿到二萬二千元。如果他和我們的作者一樣可以畫到四十頁，就可以拿到四萬到五萬左右。但是，一個人不太可能一個月畫四十頁，勢必要請助手，那要給助手多少錢？

我們的狀況就是稿費可以讓老師維持工作室的運作，至於其他收入從那裡來，就是版稅了。問題是台灣單行本起印量才八百到一千兩百本——所以我說，現在不管做什麼產業，只賣台灣是不夠的，你要面對的是整個國際市場。

回到動畫化的部分，「友善文創」在這裡扮演什麼樣的腳色？

我們就是要去審查他們的設定稿之類的有沒有什麼問題。在《時間支配者》這部作品中，給作者的話語權還是滿大的。其實《時間支配者》動畫小組的組成也是實力堅強，例如說系列構成是橫手美智子，腳本是吉野弘幸，聲優是福山潤、石川界人、釘宮理惠、杉田智和——這些是我們看得到的部分，還有看不到的部分，就幕後成員也是很堅強。

為什麼這部作品有辦法找到這些人來做？在日本不是有錢就能請到的，除了我們很早以前開始籌備以外，也是因為我們在日本經營累積下來的人脈與信賴關係。

「友善文創」遇過什麼難以克服的困境嗎？

就像剛剛講的，有時候人家拒絕你不是妳的能力不夠，而是他們的成見。就像彭傑老師那次《JUMP》的連載會議，連試用的機會都沒有就被否定了。但是，那個時候，士豪就和彭傑老師用四個月的時間作了一本單行本去「集英社」——我們就用自己的成績來證明、反駁。

觀察

台灣原創漫畫（展業）

你對台灣的整體原創漫畫產業有什麼看法？

從台灣漫畫產業的營收來看，我們還沒有辦法把它變成一個產業。日本是漫畫家生產作品，出版社想辦法賣出去變成利潤，接著把利潤的一部分給作者，再拿一部分的利潤去做其他衍生，像是動畫衍生出去了可以賣玩具，這樣子ＩＰ的能量才能出來。但是台灣漫畫能做什麼？連ＡＣＧＮ之間的連動都很少見。日本的產業卻是一整串的，光是動畫遊戲下去就可以影響到很多東西。

在台灣，不管是漫畫ＩＰ還是輕小說ＩＰ都面臨很多競爭，甚至是不太公平的競爭。不管來自日本作品的強勢壓境，或者來自遊戲等跨領域的資源爭奪，我們的做法不一定是正解，不過也是對於這狀況的一個解答。

臺灣現在活下來的是電玩，因為它能夠出去跟人家「打」。

回到漫畫，《Young Guns》當時一集可以賣十幾萬的銷量真的是很了不起，可是那個時候沒能站起來，沒有讓台灣漫畫變成一個可以自力循環產業，進而與其他產業相互扶持成完整的產業鏈。

我們都說台灣產業這十幾年很辛苦。為什麼很辛苦？最大的問題是我們從貿易壁壘中解放、世界慢慢變平了。以前只要和台灣人競爭就好，現在我們不論哪個產業都要和全世界競爭。而在漫畫產業，要畫出受人喜愛的漫畫，我們的對手是全世界的漫畫家——我們所處的這個環境是被文化強權包圍的——電影產業上，好萊塢隔一個太平洋就過來了，漫畫產業除了日本以外，還有新興的韓國與中國大陸的衝擊。

我們的想法就是要想辦法「打出去」，把自己的實力提上來並且有辦法在日本生存，自然在其他的地方就能夠生存，就不用再擔心市場。如果在日本的漫畫市場能夠證明自己的話，相信在其他地方都不需要再多作什麼證明。雖然我們還沒辦法和最頂端的對抗，但是我們已經站在那裡了。台灣至少在影視、影劇方面還有機會，像是「尖端」也在這塊做了不少的合作。

我們都很尊重所有台灣的出版社，大家都在這樣的環境中奮戰著，真的是奮戰！有機會也希望能跟台灣出版社有更多的合作。

《CCC創作集》編輯部

——我們覺得用故事來行銷（知識內容）
是一個好方法，用講故事的方式，
讓大家自然對它感到興趣。

《Creative Comic Collection 創作集》編輯部

隸屬於中央研究院數位文化中心，目前已出版《Creative Comic Collection 創作集》、《臺北歷史地圖散步》、《臺中歷史地圖散步》等。

《Creative Comic Collection 創作集》

簡稱《CCC創作集》或《CCC》，由行政院國家科學委員會數位典藏與數位學習國家型科技計畫－數位核心平台計畫製作，蓋亞文化發行；二〇一二年底，數位典藏與數位學習國家型科技計畫執行完畢，《CCC創作集》改由蓋亞文化獨立製作與出版；二〇一五年，《CCC創作集》發行第二十期後宣布停刊。二〇一七年宣佈將於年底復刊。

《CCC創作集》以數位典藏史料資源轉譯創作漫畫的方式，利用台灣歷史、民俗、生態等題材，將精彩的學術研究成果轉化為具台灣文化DNA特質的漫畫創作。發掘了許多本土新銳漫畫家，也培養了許多忠實讀者。

計畫的來源與主要內容

是否能先說明一下《CCC》是怎麼展開的呢？

《CCC》是屬於國科會數位典藏與數位學習國家型科技計畫下的一個項目。數位典藏計畫的核心是來自全國十五個以上的典藏、研究機構和幾百個計畫，是一個跨領域的綜合資料庫。

加值應用的主要範圍包括研究和教育，在商業、產業方面是做文化資產的轉譯。何謂文化資產的轉譯？第一種就是素材、造型方面的應用，例如我們最常看到的就是博物館裡面，大家會去買的馬克杯、資料夾；第二種就是內涵，是研究成果串聯脈絡、知識並轉換成產品。

另一個層面就是技術。我們做數位化典藏，會有一些衍生運用的系統，例如地理資訊系統

（GIS），另外我們會處理圖像影音，像是抖動畫面修正，或是解決中文罕見字的方案。接下來就是異業服務，我們做了一個台北歷史地圖的應用，本來是個APP，但我們發現手機畫面有限、大家也不喜歡在手機上看長篇大論，便把故事做成出版品，看出版品和APP連動，可以產生什麼樣的效應。

另外一個就是我們談到要用什麼方式去「說故事」，該用文字、小說、電影、廣播劇還是舞台去裝載？而我們後來選擇了漫畫，因為漫畫可以用相對快的方式講很多故事，這些故事也可以吸引大家去了解。若要參考有系統的漫畫工業的例子就是——日本，他們有人類學、歷史、鑑賞、生物等題材，我們能去觀察他們怎麼去做，像朝日新聞社也有做漫畫日本史的期刊。跟我們差不多同期開始這麼運作的是臺灣歷史博物館（簡稱臺史博），他們也找漫畫家製作《一九四五夏末》，像故宮則是拍電影《經過》。另外講到用典藏去擬人的著名案例，就是到現在還很轟動的日本的《刀劍亂舞》。

我們製作方向就是自己選題目，每一期從不同的題目去介紹我們的典藏內容，包含有形資產和無形資產，有形的資產就是一張張照片或檔案，無形的資產就是故事的脈絡，去表現它怎麼串連起來。

《CCC》企劃的主題是怎麼來的？

大部分的企劃編輯都會依附著一個學門脈絡。例如，主題為女性發展史，也搭配著我們院內正在舉行的展覽。當初這個展覽是由臺史所（中央研究院臺灣史研究所）主導，策展脈絡就是女性的教育、婚嫁和職業，所以我們的企劃也跟著這個脈絡走，只是需要一些包裝。例如教育，如果直接講「女性百年教育史」看起來會很無趣，後來靈機一動，我們就做了百年來的女學生制服。所以說這是需要一些靈感和想像的。

你們是根據這個主題、架構，然後分別找不同的作者嗎？

過去都是一期一個主題，我們會先蒐集很多內容，按照一個學理架構整理出很多題材，然後跟漫畫家開會。開會時便報告這一期有什麼樣的題材，漫畫家再提案想畫哪一個題材，或者我們認為對方很適合，就會直接問他你要不要來畫這個題材，就是一個推坑的概念，但漫畫家得在我們限制的題目裡面選。所以就是每個題目裡面都會有很多提案，例如我們要做女性的職業，會提出洋裁、電話接線生等等多種職業，讓漫畫家從這麼多種女性職業當中去挑一個來畫。

而《CCC》就是執行結果。

決定題材之後，歷史資料會有人幫忙漫畫家整理嗎？

資料都是已經整理好的。甚至說，這些素材有些已經是本來在做的研究，例如明清檔案裡面有很多刑部案件，研究人員可能發現有些案子很特別，就把它寫成科普文章。後來在《CCC》有畫家想執行這個企劃，再從這些科普文章寫成劇本，而我們就是把這些資料或科普文章先準備好，之後再提供給漫畫家去畫。

你們會去各方發掘、蒐集研究文章資料嗎？

資料一開始是以數位典藏計畫的內容為主，數位典藏本來就包括十五個大型機構，博物館、學術研究機構、檔案館、美術館都有，所以這幾個機構都是我們想要發掘、推廣的對象。現階段，我們也會找中研院內各所過去沒有參與數位典藏的研究，不過無論是哪一種，都不能光靠一個研究就能支撐起來，例如今天講清代檔案的研究，已經有寫好的科普文章為基底，可是要發展一個故事需要很多背景資料，包括那個時候的物價、生活水準、薪資等，才能建構出合理的故事。

所以負責轉譯和處理的是編輯嗎？

對，當然如果有研究者願意和我們分享他累積十幾年的功力，我們也會安排畫家和老師對談。

轉譯的方式，舉例來說，第一個就是按照史實改編。這些東西都是在檔案或者歷史文獻裡面，例如《異人茶跡》這個故事，史實就已經很豐富，就會按照歷史去走。照史實進行還有一種狀況，就是會混合很多人的傳記，形成一個虛構角色，他經歷的故事是虛構的，但是有一些案件時間是真實的，是一種真假交錯的方式。

而「軍艦主題」是個很特別的例子，當初在我們的典藏品裡有航海日誌檔案，二〇〇九年時就有了一個把軍艦擬人化的企劃，我們覺得很有趣，當時也不曉得到了二〇一五年，艦隊收藏遊戲會爆紅。

另外也會有特別企劃，例如我們想要介紹藝旦，就把它轉化成一個模擬的藝旦養成遊戲，遊戲裡面自然就會介紹到各種攻略，要怎麼升級、培養等等，用這種方式來呈現。到後期有一些企劃，我們甚至直接把文字內容與畫面表現的版面規劃好，再和畫家溝通製作。

至於自然科學題材，我們一直想要平衡《CCC》裡面的自然與人文題材比重，後來發現非常困難，因為一條魚本身沒有故事，你必須要透過各種擬人或是與人的關係等等的方式才能說故事。

《CCC》的發展歷程與合作

《CCC》是從哪一年開始的呢？

我們是二〇〇八年開始試做，二〇〇九年出版。過去出版是從半年刊到季刊都有，當然還是期望能有規律。最開始的一到四期，我們是在同人活動裡面免費發放，所以那個時候是半年出一本，同人場本的節奏（笑）。第五期開始商業出版了以後，出版社那邊也會有很多考慮，就是希望更穩定一點，所以後來就是出版季刊。

第五期開始之後是商業出版，由「蓋亞」經銷；第十一期到二十期則是授權「蓋亞」獨資製作，由「蓋亞」申請文化部補助案，我們就變成是幕後協力，因為資料這種東西畢竟還是需要解讀。

一開始都是比較獨立製作的作品，為什麼到第五期開始會考慮採用商業出版的模式？

因為《CCC》本來是一個產業應用案例，為了要證實這個做法可行，本來就應該要上市場去接受考驗。而且我們的這個模式，一直都像是作者和出版社的關係，也就是由我們提供內容，他們（蓋亞）出版。

你們和「蓋亞」合作後，創作過程有什麼改變嗎？

改變？就是要更有效率更快一點（笑）。還有就是可能會根據市場考量因素在封面上做一些調整。然後就是稿費，前十期是我們出稿費，後面時期是「蓋亞」獨資，所以第十一期起是「蓋亞」出漫畫家的稿費。

一開始在做《CCC》的時候，你們的目的是想要推廣什麼呢？

就是想要證明《CCC》是文化內容可以在商業上運用的其中一種做法。在這之前我們也嘗試了很多，像很多博物館機構會做的，在網站上放 flash game，包裝一個內容來介紹。我們也做過動畫預告片，做完就燒完結束了（笑）。我們的重點不是動畫或漫畫，而是我們覺得用故事來行銷（知識內容）是一個好方法，用講故事的方式，讓大家自然對它感到興趣。

你們當初如何找到這些漫畫家來合作呢？

一開始是從學校，學術部門第一件事是會找學校。最初我們跟台藝大和師大的老師合作，讓他們介紹自己學生，藝術設計相關科系本來就有很多學生投入同人創作，當然就有一些作品讓我們可以參考他們的表現形式、畫技，他如何去處理內容等等。再加上當時有劇情漫畫獎、以及同人場活動。新興的創作者很多都是出現在那裡（同人場），既然同人場是個很活躍的地方，我們就會去研究看看。

不過，那時候也是有很多想法，有些人會認為，同人場其實就夠賺了，他們也沒有想要投入商業；或者說同人場有很多二創，他們未必對原創有興趣。另一方面，同人二創往往是在讀者都知道的設定前提下去創作，有些東西不用交代清楚，大家都能理解，可是我們做原創是不能這樣的，一定要能夠很完整地把一個故事講出來。

所以你們在同人場上找的作者，大部分是原本就畫原創的嗎？

大部分是，或者有些是二創的作者，但他們也會發表一些原創作品。而且我們去邀，大家也不一定會答應，就是我們一直發告白信被拒絕的過程（笑）。並不是所有人都願意的。

《CCC》編輯部的運作

你們編輯部內有多少成員呢？又是如何分工合作的呢？

不一定，最多的時候九個，最少的時候六個。我們來自同一個辦公室，但是每個人有自己本來在執行的不同工作，例如做網站維護、目錄資料庫等等。基本上都是同一個團隊在運作。分工的話，基本也沒有很明顯的分工，大部分人可以從頭到尾負責製作一個作品。但是找資料會互相支援，或者說有一些事情處理著處理著就變他的了（笑）。像整本製作下來，行政工作像授權、和老師的聯繫、排版製作負責跟美編溝通等，可能就會是某幾個人在負責的。

團隊裡本來就有出版或漫畫編輯背景的人員嗎？

基本上都沒有，也沒有漫畫編輯出身。本來的背景，有人是歷史，有人是中文系出身，有一些參加過編輯社團，都是沿路發展。我們後來也有請Miyako[註1]當我們的特約編輯，她很有經驗，可以協助我們，我們也受到她很多指導，把這些技能提升起來。我們有時候也會請一些專注於某些領域專家來協力，例如民俗方面的專家。

你們會像一般編輯一樣看分鏡嗎？

其實在技術問題上我們沒有著墨太多，一開始我們要求的是完成度，劇本合不合理。我們可能會從史料方面或是劇本邏輯合理程度、角色塑造動機這些方面去看。分鏡的部分，當作者把作品提出來後，責編會給團隊同仁看，大家當作是第一個讀者，會直覺的說好懂或不好懂、通不通順，如果大家都不能理解的話，那就是這個分鏡不夠理想。

不過能不能解讀分鏡會有一些個人差異，雖然我們都不是漫畫相關背景出身的，大多是學人文學科、圖書館或社會發展，甚至有人是做廣告介面的，背景不同、觀點也很多樣，但大家還是有基本看漫畫的 sense，久而久之在接觸過程中，也會得到很多技術方面訓練，再試著向畫家提出分鏡修改建議。

跟日本比起來比較不同就是，日本是責編權力最大，而我們就是採用團隊制討論，是一個非常極端的例子，當然有好有壞。

台灣原創漫畫的市場反應

可以根據《CCC》商業出版發售後的狀況，談談你們對於台灣原創漫畫的看法嗎？

若談銷售狀況的話，第一個是出版社不會賠到脫褲子就會繼續做（笑）；第二個是，出版社的主要利潤還是在後續的單行本發售，雜誌都是「做功德」的（笑）。單行本的發行是作者和出版社之間的關係，我們不會干涉，有些作者後來單行本的內容未必會完全跟《CCC》上面刊登的一樣，他們都可能會有大幅的重製或甚至多畫當初《CCC》沒有的內容。

很多漫畫家在《CCC》中獲得了很多磨練的機會，等於你們也算是一個提供漫畫家發表的平台。

《CCC》每一期都會保留名額給新人，這一點來說確實有平台的感覺。每一期我們都會嘗試找新人。另外對畫家來說，想要刺激他們去畫一個沒有接觸過的題材，或是嘗試被命題作文的感覺。當然也是讓畫家嘗試和編輯合作，因為過去他們很多都是單打獨鬥。

我們的觀察就是希望量變可以產生質變。也就是說，有《CCC》這個平台、有很多漫畫平台，讓很多漫畫家在作品量上有累積，開始慢慢有單行本、有系列出來。而且，有很多環節（編輯、平台）投入的時候，它才能成為一個產業。

請問你們製作一期作者和編輯的配比？

因為我們一期大概主題彩畫一組，劇情漫畫七、八篇，所以一個人負責二到四個漫畫家不等。劇情漫畫一個人會分到一、兩篇，至於彩畫的部分則是和作者溝通畫面內容，以及幫忙搜集資料。也會有小說作品，例如明毓屏[註2]和伍薰[註3]，主要就是這兩位作者，他們本身就持續在蒐集他們關注、創作題材的資料，所以做小說介入比較少，相對沒那麼辛苦。

《CCC》除了政府主辦、和「蓋亞」合作之外，還有和其他單位的跨界合作嗎？例如遊戲或者動畫。

一般是由出版社負責，像是去安古蘭參展、賣出版權連載。例如《神之鄉》的法文版權由「蓋亞」負責。至於作品被視為IP，改編成真人版或動畫什麼的，這件事還沒發生，不過我們有很多機會帶著《CCC》去很多地方，會發現他們不是沒有興趣，只是市場規模還不夠大，例如說你賣最好的賣兩三萬本，還不夠他們一部電影的規模。

《CCC》的目標客群是什麼呢？

我們曾經假設漫畫讀者是早期使用者，但是後來發現，在那個地方我們是雙重票房毒藥（笑）：本地題材加上本土作者就完蛋了。本土作者在C-Chat（批踢踢的漫畫討論版）的討論就很不看好，他們對於這種東西的刻板印象很強烈，書拿起來，看到作者名字是三個字就放回去了。二〇〇九年剛出來的時候就是這種情況，我們一開始真的滿希望同人場的人願意接受這種原創的，不過實際上在同人場跑了這麼多年以來，會發現比例沒有顯著提升，稍微有一點成長曲線，但就這樣子而已。

選擇這個形式，就是想要讓看漫畫的人看，讀漫畫以後可以接觸到文史內容，或者讓本來對文史有興趣的人開始接受漫畫這個形式。很多對台灣歷史文化感興趣而沒接觸過漫畫這類表現形式的人，反而會對我們這種形式接受得更快。當然，我們更希望能夠更跨越分眾讀者的界限。

你們有做過讀者分析嗎？

有稍微做過，結論是男生都不喜歡寫問卷（笑）。三千多份的問卷統計，女生占了百分之七十以上。我們原本以為是便利抽樣問題，但是後來看到博客來的年度報告發現，漫畫百分之七十是女生在買，沒有問題、全部吻合（笑）。

讀者的年齡結構則是偏高，大部分都是高中以上。

你們在創作的時候有設定讀者年齡層嗎？

我們會希望它是比較青年向一點，因為有些題材表現方面，不太能夠弄得比較少年向。

《CCC》的復刊

你們現在有什麼樣的計畫發想來繼續推動文化資產的轉譯呢？

有兩個計畫。一個是我們已經和文化部簽約，《CCC》在二〇一七年底會復刊發行，是以月刊的形式，所以大家死翹翹了（笑）。

出版模式是一個純漫畫的月刊？

還是有一些專欄。因為連載作品多，也會想要經營作品本身的牌子，所以專欄有一部分是從這個作品出發，把裡面的知識介紹出來，關於怎麼去製作這個作品、背後的知識背景，或是可以去哪裡聖地巡禮，以作品為主去介紹，不會像以前就是一篇知識文章而已。

接下來會以月刊的速度進行，你們有辦法負荷嗎？

雖然採月刊發行，可是是水庫式積稿。其實我們以前有些故事的框架可以發展得更多，只是因為以前是半年刊或季刊，所以把故事縮到三十二頁、四十八頁講完，但實際上故事內容是可以「解壓縮」、講得更多的。所以型態上會有所調整，例如我們不會每一期都做一個主題邀很多畫家來畫，會改以大量的長篇連載。

然後文化部要求我們要跨界，就有很多製片跟我們說，「請給一個六十集的劇本」。但我們的故事並沒有那麼長，所以我們也要準備一些有規模的作品，規模要擴大，才有辦法跟很多單位嫁接，符合電影或電視劇本的規格。像日本也有很多日劇改編自漫畫，他們那些漫畫的篇幅也是有相當規模的，文化部的立場就是希望產業規模可以擴大，但我們大部分的作品只有一集，把量累計起來還是當務之急。

重點是，我們的核心還是會從研究出發。我們去海外參展的經驗是，他們對於具有台灣本地文化特色的內容，詢問度、好奇度最高，所以從中研院的角度出發、從老師的研究中取得素材，比較不會無中生有，或者不要再三國了（笑）。

有思考怎麼走出同溫層嗎？就是對台灣文化感興趣、對文化資產有興趣的同溫層之外的？

有，我們最近新的劇本也有這個問題，大家提的劇本很多都會有同溫層效應。很多導演製片也是覺得我們的內容太硬，還要再軟一點。

會有電子化的出版嗎？

電子版會有一些技術問題，目前還是先以紙本為主。在手機上看漫畫會「脫窗」，我試過了，除非是條漫，用手機看頁漫對話框就要放大再放大，至少要用平板，可是捷運上拿一台平板很佔空間，也會被人看到你在看什麼，所以可以理解條漫為什麼那麼流行。

這樣看起來你們好像一個跨界經營的出版社，要做自己的企劃，又要接政府案子，你

們是怎麼定位自己的呢？

我們是一個製作網站、資料庫的團隊，卻跑來做這些東西（笑）。

根據你們對ＩＰ產業經濟的觀察，如何用ＩＰ來經營一個文化資產呢？這種方式有可能在文化轉譯上發揮一定的功能嗎？

我們對產業有一些調查，但比較沒有那麼多著墨。

我覺得ＩＰ就是一個老概念新詞彙，以前也有這些跨載體的改編，只是近年來更著重在一個設定各自表述。現在很多ＩＰ本身已經是一個超紅的作品，比如說《步步驚心》，小說已經賣了幾十萬，然後改編成電視劇，因為影視作品需要投入大量資金，所以會選擇最紅的ＩＰ。如果ＩＰ不紅，他們也應該不會考慮。

我們認為《ＣＣＣ》這段時間下來確實也累積了蠻多有水準的作品，現在文化部打算去媒合，把已經成型的作品轉製，算是一個新機會，但還是會有投資風險的問題。無論如何，我們還是比較專注在製作面上，基本上我們還是會穩紮穩打，想從最基礎開始，先把故事講好。

附註

註1 張曉彤（Miyako），BL小說譯者，曾任《Creative Comic Collection 創作集》特約編輯、駁二動漫倉庫「走進二次元：初探漫畫誕生之祕」策展人。動漫社會學系列二《本本的誕生》作者群之一。

註2 明毓屏，曾為華視、台視、三立等戲劇節目編劇，離開電視圈後創作青少年小說，目前則專注於以歷史為骨幹、以小人物生命為血肉的小說創作。

註3 李伍薰，科幻、奇幻小說作家。代表作品包括結合了爬蟲族裔與海洋元素的《海穹英雌傳》、《海潮記事》、揉合鳥類特色的《飄翎故事》。

黃廷玉

——我覺得台灣原創會越來越好。

黃廷玉

奇行異趣漫畫店 Mangasick 店主，熱愛漫畫與獨立音樂，以介紹有意思的漫畫作品與次文化視覺藝術為職志。

Mangasick

二〇一三年於台北公館開業的次文化漫畫書店，二〇一五年增設展覽空間，目前提供書籍內閱、販售等服務，展覽每月輪替。

內閱區的中文／中譯漫畫以青年漫畫為主；日語原文漫畫藏書囊括一九六〇年代起各類型非主流作品，包括漫畫、畫冊、自費出版品等。販售區引進以亞洲為主的另類漫畫、zine、週邊商品可供選購。並不定期以 Mangasick 名義推出台日兩地創作者的出版品，也陸續將台灣作品引介給日本合作書店。

從熱愛另類漫畫到成立「Mangasick」

請問「Mangasick」成立的經過，開這家店是抱持著什麼樣的想法呢？

我從很小的時候就非常喜歡漫畫，國高中時也有很長時間在二創同人誌，到了大學時我和男友從南部北上，在台北接收到很多文化衝擊，那時非常沉迷於獨立音樂與樂團這方面的次文化，到了大三、大四，當時正是日本動畫的新高峰期，也是niconico[註1]開站的時候，所以又重新接觸到動漫畫。因為從音樂這邊接收了很多不同的養分，因此看東西的視角有些改變，就會被有另類氛圍的作品強烈吸引，像是《モノノ怪》[註2]、《絕望先生》之類的。

後來重回漫畫店租漫畫，就會想看不一樣的東西，但是台灣出版另類風格的漫畫蠻少的，還可能因為租次不夠就退書或直接給回收商。快要畢業時，經由樂團朋友的介紹知道了丸尾末廣[註3]的作品，那時候受到了很大的衝擊，因為丸尾末廣非常直接地描寫情色暴力，但是又很耽美，漫畫語言和我過往累積的閱讀經驗完全不一樣，雖然覺得有點可怕但又會覺得——哇！怎麼那麼好！也因為會一點日文，就開始上網搜尋很多關鍵字，才漸漸知道在主流漫畫之外，日本還有一大部分另類漫畫從沒被引進。

畢業後到一般的公司上班，我在日文書店，男友在出版社，而我們同時在工作上感受到的是——有很多不能施展的地方。工作後我們每年會去一次日本，有次看到《神保町書蟲：愛書狂的東京古書街朝聖之旅》這本書，裡面附有作者手繪的神保町地圖，上面寫了很多漫畫專門店，而我就對漫畫專門的古書店很感興趣，結果也發現很多我們很喜歡的另類漫畫都在那，然後就開始買。去了兩三次，買了一百多本的漫畫後，就開始會有種很寂寞的感覺，因為就算想跟別人推薦這些作品，他們也沒有機會捧在手上看，又加上我們各自在工作上碰到一些痛苦，我男友在主流出版社發現一直在以書養書的循環，行銷、選書方面的限制一直沒有突破。那時便想，要是我們能開一間書店專門來推廣另類漫畫的話有多好。

「Mangasick」成立之初，我們並沒有把收益放在優先考慮，並不是說我們有特別好的家世背景，只是有不得不為的衝動在。

所以你們就這樣直接開了店嗎？還是先有什麼樣的評估？

我們覺得大家在討論漫畫的時候，也很侷限在主流作品裡。我那時候在另類文化上感受到的是更深層的，不是去討論角色或哏，而像是討論電影或小說一樣的感覺。就是那種討論作品的藝術性或是個人深層的感受，不是各種宅的術語。有了開店想法但也知道應該沒有市場，我們就想說先開一個粉絲頁，稍微養一下客人，雖然按讚的人少，但是大家反應都很熱烈，開實體店的時候粉絲還沒有一千個，但當時就覺得那些都是我們的「心之友」呢。

後來才想到可以開始做台灣原創這塊，因為我們去日本的時候也有注意到這部分，原創作品在表現上並不完全趨於主流形式，有各種天馬行空的創意，也有資料考據的，心想如果台灣也有一間書店可以提供舞台給這類作品的話，就會有更多人想投入吧。於是我們就把獨立刊物這塊拉進來，也發現有越來越多人來寄賣，漸漸變成日本漫畫以外也開始賣很多台灣的原創作品。

Mangasick 的經營模式

請問 Mangasick 的經營方式？

我們是讓客人付費在這邊閱讀，因為要撐起一間書店的販賣量的成本非常高，我們當時沒有那麼多資金。一是覺得沒什麼人買，二是買賣的行為只是一對一的，就像日本的書店賣給我一樣，最後只有我一個人在看。而且我們也很難有穩定的書源，如果做成像日本書店那種漫畫喫茶的形式，付費來店裡閱讀，就可以讓更多有興趣的人看到，至少我們在這裡可以介紹書給大家，而不是馬上被買走。因此我們開始引進了很多日本重要的另類漫畫，例如《ガロ》註4雜誌和旗下作家的單行本。在中文漫畫方面，我們首先是選擇很經典、但現在在租書店很難看到的漫畫，比如手塚治虫的全套都有持續在收藏。

此外，因為有語言上的隔閡，所以我們挑書時會以視覺上的衝擊為主要的考量，選擇畫面很有趣、和主流的感覺完全不同的作品。

一開始是內閱服務為主，後來也有台灣的原創作者來寄賣作品，此外，開店半年後有很多客人跑來表示說他們想買架上的日文書收藏，那我們才想說可以增加販賣的部分，也就開始挑選一些書刊來販售，店裡較有特色的是販售不少日本的獨立出版品，也提供幫客人代訂絕版二手書的服務。

你們販賣商業出版的作品嗎？

其實我自己不太想賣商業出版的書籍，因為這些去其他地方也買得到，而且做我們這種書店賣商業出版的利潤是極少的，但是開了不久之後，有很多人來問為什麼台灣漫畫很少，而且也有外國客人會想要買台灣的漫畫，後來才增加了一些台灣商業出版漫畫的品項。

台灣喜歡漫畫的人一直都很多，但是多半只看漫畫，對其他藝術的涉略比較少。台灣過去引進的漫畫基本上都是主流作品，如果只看這些漫畫，就很難跳脫主流的思維，比較難追求不一樣的表現，但是我們看另類漫畫就會知道，這和《航海王》那種意圖達到商業化成功的漫畫不同，它追求的是和少數讀者間所產生的極強烈共鳴。就像看藝術電影和聽實驗音樂，雖然很小眾，但它帶給你的體悟和大眾類型的作品是完全不同的，我們也想告訴大家漫畫可以帶來這樣的刺激。

如果你是一個創作者，來我們這裡看到這類作品以後，或許會有勇氣去跳脫過往的框架，去做一些屬於自己真正原創的內容，做好之後又可以在我們這裡賣。這也是我心中很理想的循環，當然最近這個循環也有在慢慢做起來。

例如大概在三年前有個女生叫做高妍，帶了她第一本自費原創出版《房間日記》來寄賣，我一看到便覺得驚為天人。她說她以前也是畫二創的，但是來我們這邊看了書以後，才發現原來可以有不一樣的表現。而那本書裡面除了有畫之外，也有文字的小冊，氣氛上我覺得很好。而若在主流的漫畫圈很少能做這樣的形式。高妍從一開始創作就是很強調自己在台灣這件事，但她不是在符號上強調，而是畫面的氣味上就讓人覺得這是台灣的情趣，一看就覺得這是台灣人畫出來的作品，就是這麼貼近我們的生活。

我覺得這個循環多少還是有建立起來的，讓更多人看到不一樣的表現，再刺激他們去做不一樣的東西。我們不是哈日或崇尚日本文化，而是在借鑒一個比較成熟的系統，當裡面有另類作品出來時，藉由我們引薦，讓大家了解到其實有很多不同的可能性可以發揮。

自從日本漫畫在一九八〇年代被大量引進台灣以來，大家都在討論要怎麼在這個前提下作出台灣的東西，但過往大家都一直看主流的東西來思考這個問題，所以這個問題會變得非常困難，但如果你去做對比的話，會發現日本國內也有人會思考如何脫離先人的風格。一個創作者都是先模仿先人，再走出自己的路，我覺得看一些另類的東西就能知道如何走出自己的風格。

我們引進的作品中，有一個很明顯的風格是「劇畫」。「劇畫」這個詞是辰巳嘉裕[註5]提出來的，就是試圖和手塚治虫的漫畫作出差別，劇畫強調寫實風格，《ガロ》的作者裡就有很多人遵循這個方面發展，就是那種表現的衝動，追求異常、不要跟大家一樣的衝動，所以另類的漫畫作品會和樂團、電影、劇場這些文化結合在一起，那喜歡這些文化的人也會自然而然接觸到。

你們對於「另類漫畫」是怎麼定義的呢？

我以前看的漫畫很多，選擇也是蠻直覺的，沒有什麼固定的教條。日本有非常多漫畫讀者，他們自己會歸納出一個系統，比方說如果你喜歡這個作者的話，你可能也會比較喜歡誰的作品，然後會很輕易地找到相關的資料，所以自然而然就會區分出一塊來。

除了日本之外，還會去接觸其他國家的另類漫畫嗎？

其他國家的會比較少。因為我本身英文沒有很好，而且歐美漫畫和日本漫畫的風格有很多根本上的差異，不完全是讀者可以馬上吸收接受。對於其他國家的作品，我們收得比較多的是插畫和繪畫，當然漫畫也有一些，最近也進了一些韓文書籍。

而我們這邊也有養出一批熟悉我們觀點的讀者，所以我們也想要給他們更寬廣的視角，但還是會以亞洲地區為主，畢竟歐洲漫畫的成本對於獨立書店來說真的很高。

你們與出版社、通路合作嗎？

其他通路比較沒有，和出版社的合作比較多。如果是進貨的話，日本有些小出版社是願意直接讓我們進貨，台灣這邊像是「臉譜出版」的 PaperFilm（視覺文學）系列剛開始時，我們也有在團隊成員之列，一同參與選書工作，也會持續提供我們覺得可以出版的書給他們參考。還有出版社要出版比較另類的書時，若能搭配我們這邊的展覽，效果會不一樣。時間搭得上的話，展覽空間也會規劃類似出版紀念展的活動。

所以你們書店前面的這塊空間就是辦展覽的空間嗎？

之前是和一個唱片行的朋友合租的，後來他不做了，我們覺得要把前面的空間保留下來用作展覽空間，因為在日本很多獨立書店也是會頻繁地舉辦展覽。我們以前對展覽的想像就是很高端的 fine art 藝廊，但是借鏡日本經驗才知道展覽題材和形式都是很活化的，所以我們想要做更親近次文化的展出。而我們從二〇一五年八月開始都有持續地辦展覽。

你們的展覽有和什麼單位合作嗎？

我們都是自己策展，像第一次展覽就是和台灣的插畫家 Zihling[註6] 合作。我們開店展覽會選擇她的原因是不想讓大家覺得我們就是日本體系，希望讀者知道我們真的很關注台灣作者。後來就是日本作者和台灣作者盡量穿插著辦，像這個月是日本作者，下個月是「慢工出版社」成立五週年的回顧展。

你們在經營上遇到哪些困難呢？

我覺得最大的困難有兩個，一個是客群還是不夠多，很難支撐起一間書店，第二是我們進貨的成本真的非常高，因為像這些商業書一律是買斷不可退的。但是我們的客人真的沒有那麼多，而價格和便利性上又不太可能和大書店競爭，所以賣得不太好。而我們自己開發的書籍，訂的時候也很難拿到折扣，或許一次訂二十本可能會有折扣，但要消化二十本的量是很困難的，雖然二十本可能聽起來很少，但你要花很多時間介紹，甚至鋪限都要鋪一年以上。

你們除了賣書還有內閱的服務，這部分營收佔的比例如何呢？

內閱的收入其實只佔了我們營業額的一小部分，因為時間成本對現代人來說很高，如果來內閱的話就佔去三、四個小時，雖然很多人會說下次有空再來，但如果不特別去保留時間，那個「下次」其實也不會出現，因此使用內閱服務的客人很少。這其實和我們一開始的設定不太一樣，但是我們不會放棄這一塊，因為有個實體資料庫的存在很重要。

你們會如何去開拓新的客源呢？

我們就是在網路上好好介紹，穩扎穩打的把店的內容充實好。我們一直以來就是以網路經營為主，媒體或是採訪並不是很常曝光，一定會去挑選適合的主題或單位來合作。即便你可能聽起來會認為我們店的文化性質很強，但我們店還是有很多台灣大眾文化中不能接受的東西，尤其另類漫畫有很多都在探索各種極限或是黑暗的部分。所以，如果一直強調我們店的存在感，吸引了很多不是那麼了解我們脈絡的漫畫迷來的話，可能會造成反效果。所以我們採用在網路上經營，然後以自然擴散的方式，來過的客人如果喜歡就會再帶他的朋友過來。事實證明這種方式雖然慢，但比媒體曝光要來得有用，畢竟每次媒體曝光後，只是多添了很多人來探頭探腦繞一圈，三十秒內離開。

我覺得任何推廣都要花很大的精力，行銷真的是一門專業，但我比較不想把力氣花在這上面，比較想把內容做好，然後有興趣的人一進來就覺得這是個不錯的地方。不過客源的開發上，展覽有蠻大的功勞，展覽會讓人有動力來看，可以把一些本來知道、但是沒什麼興趣的人帶到現場。

我們客人女生幾乎占了八成，會覺得真希望男生也可以來探索一下（笑）。然後來自同人圈的客源非常少，真正的阿宅反而不知道這邊在幹嘛，最多是繞著書櫃一一評頭論足，久而久之就不會來了。而且我們店裡放的也不是動漫音樂，有人會說我們的音樂很恐怖（笑）。我們就是放我們自己喜歡樂團的音樂，從六〇年代到現在的都有，種類就是從搖滾樂到電子樂都有，根本不會放動漫音樂，那種客人找不到共鳴感就不會來。

轉變

近年來台灣原創漫畫的

對台灣原創漫畫的整體環境有什麼看法？

我覺得台灣原創漫畫會越來越好。從我這邊拿到的作品來看，大家越來越願意表現不一樣的東西。網路帶來的比較正向的影響是，如果有人對繪畫有興趣的話，就可以收集到比以前多幾千倍的資料，還有新生代的創作者在未出社會時，就可以透過推特和各國的人交流，因為他們受到很多「刺激」，創作上相對就不太會受到束縛。

我覺得台灣的原創漫畫在風格上，漸漸也不再只有像日本的風格，比較歐美式、動畫感的作品也變多了。像之前《CCC》的努力是很不錯的，它為大家示範了，如何讓台灣在地的東西跟漫畫結合起來。台灣的同人場發展這麼多年，大家是有足夠的基礎去做原創的，只是市場要怎麼樣去接納原創和談台灣本身的作品還是個問題。台灣年齡層比較低的漫畫迷可能還是非日本主流的動漫不看，但那對他們來說，比較像是消遣而不是一個強烈的興趣。我上個月有去Comic Nova（台灣原創嘉年華，簡稱CN），也感覺不少創作者開始嘗試畫比較深的題材。因為大概三年前我去CN的時候，發現大家比較喜歡畫奇幻的設定，我個人非常不喜歡這個類型，因為畫一個我們沒有任何人生活過的世界，又是作者腦內的世界，這樣的作品要講到讓大家信服是非常難的。像日本這樣的題材可以賣得起來其實是背後有非常多支撐的，編輯的經驗、行銷、還有很多前輩創作的模式等等，才可以誕生出一部又一部很好的奇幻作品。奇幻類型之所以可以說服讀者，最重要的是包含著和現實世界的連結，不是只有一大堆華麗的設定。很多人只是模仿框架，但裡面的骨肉是非常空泛的。

我之前看的台灣原創漫畫就覺得少了很多和在地連結、處理身邊議題的作品，所以當我後來看到《無名歌》的時候非常感動，裡面有描寫到在師大永康街唱歌的場景，在漫畫裡看到永康街街景被呈現出來時，我真的覺得好感動，哇！快哭了。因為我發現很多畫台灣原創漫畫的作者，他們的場景設定會不自然地遵循日本漫畫，可是在日本漫畫中的場景其實都是日本現實的景象，所以我就覺得台灣原創作品不要再去畫奇幻了，我希望能看到更多和生活連結的東西。

所以妳說這是以前，那麼最近的作品有什麼變化嗎？

像是有個女生廢廢子，她是把自己過去的一段故事融合了一點超現實的設定後，畫成漫畫。故事中的女生被男友劈腿後非常痛苦，又被變成了一個充氣娃娃，女孩想要尋求變回人的辦法，但已經失去了對於自己身體和自己被愛的信心，可是為了變回人，不得不去解決這個心結……。裡頭談到了當代女性的一些共同問題，包含他人的觀看、甚至是女性的性自主，這些問題不只是台灣女性，全世界的女性也有在關注，我覺得她願意把這樣的體驗畫出來非常好。

還有個作者是明年要在我們這邊辦展，他是「慢工出版社」的，他之前出版的作品是設定在萬年大樓裡面，所以連結感很強，氛圍上也和學運有關連。三一八學運那時候給我們一個很大的震撼是——如果不做些什麼的話就要被賣掉了。所以當時許多創作者的台灣意識被激發，後來都有反應到創作上面。

妳提到的這些台灣的漫畫家有機會在國外發表自己的東西嗎？

我不太清楚，但是如果是透過網路的話就有可能。我其實也在想我們什麼時候可以做文化的逆輸出，到了現在我覺得時機差不多已經成熟了，漸漸發現有一批台灣原創品質很不錯的作者，可以推廣到日本去。大概明、後年會做台灣的漫畫選集，然後我們想要做成日英版在國外販售。

我們與合作很密切的日本書店之間也會有情報交換，他們比較沒有台灣這邊的情報源，跟他們進貨往來一段時間以後，我們也會推一些台灣的作家過去，也有在那邊辦過講座。所以那邊有賣台灣的漫畫，我覺得我們的做法是有產生一些影響的。像高妍的《1982》在日本賣完後，對方也有再跟她補書。

很多喜歡畫漫畫的人未必只想要看商業出版的漫畫，聽起來，你們的店就是提供了一個管道給讀者去選擇。

以前在大出版社工作，感覺就是由於出版業不景氣，出版社帶新人的功能漸漸喪失了。如果是在外面我們先把讀者養起來，大出版社的口味也會跟著逐漸改變，所以與其苛責出版社太商業化，還不如另起爐灶趕緊去做新的東西。

我覺得這個時代，讀者的力量已經大於出版社的力量了。因為讀者自己可以在網路上消化東西、一直成長，不必安於其他人提供的養分，尤其當台灣的出版社還是以商業利益為最大考量時，帶進來的東西是比較有限的，但是現在讀者其實已經有很多機會可以看到不一樣的東西了。像是「臉譜」的 PaperFilm 系列，還有「漫遊者」也推出了漫畫，「大塊」也引進松本大洋[註7]和後續的其他計畫，有越來越多原本完全不做漫畫的出版社，開始注意到漫畫比較有藝術性的一面，他們願意把我們從過往對漫畫的成見中拉出來，說這是給本來不是看漫畫的讀者看的作品。我覺得有越來越多出版社願意做這樣的事情，對整個漫畫環境來說有很大的幫助。

附註

註1 niconico，niconico 動畫（ニコニコ動画），日本著名的影片分享網站。

註2 《モノノ怪》，中文名為《物怪》，由富士電視台製作的日式恐怖動畫作品。從 2007 年 7 月 12 日播放到同年的 9 月 27 日，全 12 集。

註3 丸尾末廣，1956 年 1 月 28 日出生於長崎縣。以挑戰禁忌的獨特題材、劇情及表現手法獲得廣大人氣，知名作品有《少女椿》、《犬神博士》等。

註4 《ガロ》，亦稱《GARO》（ガロ）雜誌是一本日本漫畫月刊，於 1964 年由長井勝一創辦。這個雜誌專刊另類漫畫和前衛漫畫，在當時的大學生和較高年齡層次的讀者中有廣大簇擁，並被稱為異才輩出的地方。

註5 辰巳嘉裕（1935 — 2015），日本漫畫家、二手書店經營者。

註6 Zihling，出生於台灣桃園的創作者。創作受到陰性符碼吸引與啟發，進而以甜膩裡帶點詭異的圖像氛圍，建構理想的少女世界。

註7 松本大洋，日本漫畫家。其作品大部分都在小學館的刊物發表。他的畫風獨特，故事人物多有特別的世界觀。代表作有《花男》、《乒乓》。

台灣漫畫的興盛與衰微

在這本書中，我們著重於關注目前活躍於台灣漫畫界的創作者和幕後工作者們，但礙於人手與時間有限，仍有許多未能採訪到的遺珠之憾。不僅是當前，台灣過去也有許多為了漫畫而努力的前輩們，在劇變的時代歷史浪潮中，他們或許曾經走過台漫的黃金時期，而當面臨大環境的艱難時，他們或許想要力挽狂瀾，但也很可能被迫放棄離開、另覓戰場。在此專欄，我們將試圖勾勒出台灣漫畫從過去到現在的興盛與衰微。

在台灣漫畫發展的過程中，有兩個明顯的興盛時期：一九五〇年代中期到一九六〇年代之間，以及約莫一九八〇年到二〇〇〇年左右。然而眾多歷史、政治、文化等因素卻又使得這兩次興盛時期無法長久延續下去，以至於台灣漫畫至今一直無法形成健全的產業體制。

專論

文／王佩迪

台灣漫畫的崛起

台灣漫畫的出現最早可追溯到日治時期，受到日本文化殖民影響，漫畫從日本傳入台灣，並且有不少台灣人參加了日本漫畫的函授課程，學習漫畫創作，成為台灣第一代的漫畫家。這些人包括第一位在日本漫畫雜誌獲獎的台灣人陳光熙[註1]，以及成立台灣第一個漫畫團體「新高漫畫集團」的葉宏甲與其他成員[註2]。

二戰後，國民政府從日本手中接收台灣，漫畫創作受到了政權轉移的影響，日本漫畫逐漸地下化。本土的新高漫畫集團在一九四五年所發行《新新》雜誌，諷刺風格的漫畫因批評時事而備受政治壓力，甚至在二二八前夕停刊。報紙期刊上的政治評論漫畫則轉為以跟隨國民黨來台的外省籍漫畫家的作品為主[註3]。

二二八事件之後，社會政治氛圍凝重，漫畫也沒辦法自由創作，特別是批評當局的政治內容更是危險。儘管如此，台灣漫畫家找出了另一條道路——兒童雜誌。一九五〇年代兒童雜誌紛紛創刊，其中包括一九五三年創刊的《學友》（1959年停刊），根據台灣漫畫研究者陳仲偉指出，《學友》帶動了漫畫在兒童雜誌上連載的風潮[註4]。其他同樣有漫畫連載的兒童雜誌還有《東方少年》、《新學友》、《漫畫大王》等，這些雜誌提供漫畫連載的篇幅，讓漫畫家得以有更多發展的舞台，例如陳定國在《學友》連載《三藏取經》，在《東方少年》刊載《孔明先生》[註5]；葉宏甲一九五八年首度在《漫畫大王》創作「諸葛四郎」系列作品，這作品還成為當時台灣熱門的ＩＰ，甚至還與異業合作改編成電影與電視劇。

延續五〇年代兒童雜誌大量的連載，到了六〇年代，台灣漫畫的產量更是達到了台漫的全盛時期。雖然許多兒童雜誌到了六〇年代紛紛停刊，但漫畫出版社卻如雨後春筍般成立，以發行漫畫單行本為主，並且於租書店流通，更加擴大了漫畫的讀者群[註6]。在這些漫畫作品中，特別是以武俠類別，成為當時台灣漫畫獨特的風格。除了有前述的「諸葛四郎」系列之外，另外還有游龍輝、淚秋和許松山等人，皆是當時赫赫有名的武俠漫畫大師，至於後來成立「東立出版社」的老闆范萬楠當時以范藝南為名所創作的《血魔劫》也是一時之選。當時的台漫不僅限於武俠內容，像陳定國的作品多是以中國傳統民間故事為題材，另外也有將科學想像寄予漫畫內容中的《機器人》系列，其創作者劉興欽也有另一個膾炙人口的《阿三哥與大嬸婆》系列，是描繪台灣各地風土人情的代表作品。

「漫畫審查制」造成的 影響

然而很遺憾地，台灣漫畫在全盛的一九六〇年代末期卻快速地殞落，造成這現象的主因無他，就是扼殺了漫畫家創作自由空間的「漫畫審查制」——一九六二年政府頒布「編印連環圖書輔導辦法」，於一九六六年正式施行，並於一九六七年公布各項實施細則。審查制要求漫畫須事前審查才能出版，然條文標準模糊不清，給予審查者相對大的權力來決定作品通過與否，因此造成一本漫畫作品，在作者數個月嘔心瀝血的創作、並繳交金額不斐的送審費用之後，仍很可能莫名其妙地被打槍，造成漫畫家和出版社耗費相當大的成本與之周旋，卻仍無法保證書本可以順利出版的狀況，漫畫業也因此逐漸地令人難以生存下去。

雖然仍有不少漫畫家和出版社在審查制之下，努力尋找生存的空間，但不可諱言的是台灣漫畫整體產業確實進入了嚴重的黑暗時期。舉例而言，有些出版社後來乾脆收掉漫畫雜誌，改成出版一般雜誌，只要其中漫畫篇幅不超過百分之二十的比例，就可以規避審查；也有像葉宏甲或許松山廣收弟子，以大量送審的方式來維持一定的出版量，但品質卻因而下滑[註7]；紅極一時的《諸葛四郎》亦曾為了因應審查而將「不合現實」的角色（如恐龍）或武功（如氣功）修改刪除，劉興欽也配合審查員的質疑而將《機器人》由「聲控機器人」改為「遙控器操作」[註8]。

這些對作品提出「不合理」的不合理審查要求，讓台灣曾經活躍一時的漫畫家們紛紛棄械投降，例如劉興欽轉而專注於科學發明，葉宏甲的弟子們亦紛紛轉行，「諸葛四郎」也在一九六九年結束連載[註9]。而另一方面，一九七〇年代起約莫二十年間，正是台灣動畫代工世界動畫的黃金時期，因此推算應該也有不少台灣漫畫人才投入動畫產業，為許多日本和美國的動畫進行大量的代工。

在漫畫審查制實施期間（1966－1987），台灣漫畫人才逐漸凋零、形成斷層，但仍有一些作品以不同形式呈現著。政大台史所李衣雲指出，當時主要有報章雜誌上的四格政治漫畫或短篇漫畫、日本翻譯漫畫，以及一些存活下來的長篇漫畫。而根據李衣雲的研究，其中日本翻譯漫畫的引進，默默地攻佔了台灣漫畫出租店，影響著廣大的漫畫讀者。日本漫畫的文法體系（角色造型、象徵符號與分鏡手法等），帶給台灣讀者們相當程度的刺激，進而影響到日後台灣讀者們逐漸學習並習慣於日本漫畫的文法體系[註10]。

至於為何當時日本漫畫的市占率會這麼高呢？陳仲偉等漫畫研究者[註11]皆指出，主導漫畫審查的國立編譯館在一九七五年放寬漫畫審查範圍，開放讓日本漫畫送審。為何國立編譯館會作出與政府反日意識形態相左的決策實在令人不解，不過當時的確有許多翻印日本漫畫的出版社紛紛成立，其中包括前述的「東立出版社」，以及知名印刷公司家族成員呂墩建所創辦的「伊士曼小咪出版社」（大然出版社的前身）。根據周文鵬整理，此時所成立的出版社至少達八十五家[註12]，多以盜版日本漫畫賺取利潤，進而使得日本漫畫逐漸佔據台灣漫畫出版的大多數。但也因此造成台灣漫畫市場的熱絡，並養成了大批的漫畫閱讀群眾，這些出版社甚至也對於培養漫畫創作人才有著相當顯著的影響。

舉例而言，「伊士曼小咪出版社」於一九七九年發行《小咪漫畫周刊》漫畫雜誌（主要連載日本漫畫，但還有其他如教學講座等專欄），並於一九八〇年起舉辦多屆的「小咪漫畫新人獎」，培育了不少台灣漫畫新星，如張靜美、游素蘭、高永與周顯宗等人；「時報文化」也於一九八四年和一九八六年舉辦「全國漫畫大擂台」，挖掘了麥人杰、鄭問、邱若龍、蕭言中等多位本土風格較鮮明的創作者。此外，「東立出版社」在一九七九年也發行過《東立漫畫周刊》，到了一九九〇年代初期《少年快報》[註13]大賣時期，也曾開辦漫畫新人獎，持續到二〇〇二年共十二屆，讓更多新人有機會被發掘[註14]。

漫畫審查制執行到一九八〇年代，其實開始有許多出版社走向地下化，許多盜版的日本漫畫未經審查逕自出版[註15]。最後審查制於一九八七年廢止，更多的漫畫雜誌紛紛創刊，其中提供本土漫畫作品連載的雜誌有例如《星期漫畫》或《漢堡漫畫》，以及一九九二年新著作權法上路之後，「東立」為本土漫畫所創設的《龍少年》與《星少女》等等，這些雜誌提供了台灣漫畫家許多創作的空間，台灣漫畫也曾經一度出現能與日本漫畫抗衡的作品。據稱，當時漫畫的銷售量可能動不動就上萬本、甚至數十萬本，因此可以說是台漫的另一波黃金時期。

再度陷入低潮的台灣漫畫

總之，台漫在一九九〇年代之後漸入佳境，一九九二年漫畫版權化之後，出版社積極取得日漫授權，同時也不斷地推出台灣本土的漫畫作品，有新的漫畫雜誌和新人獎項的機會讓漫畫家發聲，前景一片看好。然而，這樣的景況卻很快地泡沫化，約莫在進入二十一世紀之後，台灣漫畫的商業出版再度陷入了低潮。

為何台漫會再度陷入委靡不振的狀況？除了有許多因素可以去探索之外，最主要的可能還是大環境的改變——數位媒體興起造成的紙媒衰微。

過去紙本傳播是人們接受訊息很重要的來源之一，報紙新聞、期刊雜誌、甚至小說漫畫，都是人們習慣吸收資訊或休閒娛樂的媒介。約莫二、三十年前小朋友的日常，很可能是一放學就到出租店看漫畫，或去書報攤買本盜版的《少年快報》來閱讀最新《七龍珠》連載。可以與之競爭的娛樂媒介大概就只有電視和錄影帶，或許再加上未必每戶人家都有的任天堂紅白機[註16]。在媒介選擇相對較少的情況下，人們會將漫畫視為一種固定的娛樂消費，再加上一九九〇年代的漫畫出版相當盛行，人們會互相討論、分享，買漫畫書成為一種很普遍的消費行為。

然而，到了九〇年代後半，隨著數位時代的來臨，紙本出版開始沒落，影響的不僅僅是漫畫出版，而是所有的紙本出版。號稱是動漫王國的日本，除了面臨紙媒衰微的困境，再加上全球經濟結構的變化，例如一九九七年爆發的亞洲金融風暴，也連帶影響日本的經濟與民眾的消費，漫畫銷售量於是銳減，集英社的《週刊少年 JUMP》從一九九五年的發行量達到最高峰六百五十三萬冊之後，發行量逐年下滑，二〇〇〇年之後整個銷量降到三百萬冊左右。

儘管如此，紙媒的衰微並不能完全說明台漫為何從此委靡不振，畢竟，這是全球的趨勢，日本漫畫的紙本出版同樣受挫，銷售量下降，然而他們漫畫的創作能量卻仍然源源不息。其主要原因是日本原本就有相當健全產業體制與跨媒介的串聯經營模式[註17]，在面臨數位化時代之際，漫畫創作的方式與營利來源，自然而然會選擇從數位媒體的經營這部分來尋找突破口。

而台灣的情況與日本的相差甚遠。首先，台漫產業的產製體系根本沒有穩定的基礎，出版社在利潤減少的情況下，對於台漫部門的投資與人才培育自然而然會減少，選擇出版的內容也可能相對保守；其次，跨媒介的經營在台灣也根本做不起來，因為台灣的動畫產業比漫畫似乎是更加悲劇，曾經是動畫代工王國的台灣，過去經手過不少知名的日本或歐美動畫，但能讓國人所熟知的本土作品卻甚少，而動畫代工的地位也逐漸被勞動成本更低的國家（如中國）所取代。

因此，台灣漫畫在國內沒有被動畫化的條件，除了小說或電玩，要與其他業界合作的可能性則更加不易，畢竟，漫畫在以往台灣人的心中，有著不入流或幼稚的刻板印象，就算是在台漫最輝煌的九〇年代，台灣社會反對漫畫的聲浪可能也是最大的，包括婦女團體公開指責漫畫充滿色情與暴力對兒童有害，甚至是台灣本土漫畫家團體也反對著大量氾濫的日本漫畫。因此出版社就算想努力推廣台漫、尋求跨界合作，漫畫在社會各界的眼中卻很可能是不被考慮的投資標的。

「同人販售會」的出現

一九九〇年代的黃金時期過後，儘管台漫的商業出版狀況不如以往，但在另一個跑道上仍然有許多漫畫創作者活躍著，那就是「同人販售會」。雖然商業出版和同人創作仍存在著很大的差異，但同人創作者，特別是以漫畫形式來創作的人，多少都還是對漫畫媒介有著熱忱，並且透過同人創作的方式來表達自己的想法。就算是二次創作也一樣是有作者想要表達的某種文本詮釋方式，因此不應被簡單地忽視。

從一九九三年在松山外貿展覽館舉辦的大型同人販售會以來，逐漸發展出每年固定會舉辦的大型活動 CWT 和 FF，近年來則有更多特定主題的 ONLY 場推出，讓台灣的同人文化更加的多采多姿。當然最重要的是，同人文化的蓬勃，提供了漫畫創作者更多一展長才的空間，或甚至成為賴以維生的方式。（關於同人創作，請參閱《動漫社會學－本本的誕生》）。

對漫畫的愛

不會消失

近年來，日本動漫雖在全球市場仍處於最大優勢，但韓國和中國這幾年來也明顯地有發展動漫或電玩產業的成果。我們或許會羨慕這些成就，但別忘了這些國家是很多年前就開始完整的文化振興計畫，由政府作為強力的後盾，大力的推廣這些文化內容產業。就算市場自由運作很重要，但從中、韓的例子來看，適當的文化政策配合也不可或缺。台灣已經晚很多年起步了，不過在過去一年以來，我們也看到政府釋出決心，將振興台灣漫畫產業作為主要文化政策之一，積極建設漫畫硬體設備、推動文化內容的跨界媒合，而這些政策與計畫都還在進行中，成果如何，許多人皆引領期盼著，當然也不免有些疑慮，但無論如何，我們正面臨一個台灣漫畫發展的重要關卡。

台灣漫畫不會死，因為，就算環境多麼的艱困，創作者、生產者和粉絲們對漫畫的熱愛並不會（那麼容易）消失。然而，台漫是要繼續走在坎坷的道路上？還是迎向更光明、更美好的景象？許多人都想著，嗯，那就拭目以待！但何不每個人都試著先貢獻一點力量呢？因此，最後還是想要鼓勵每位讀者，請多給台灣漫畫一些機會，試著從眾多創作中找出自己喜愛的類別，並想想作品完成的背後是有多少人們努力的成果吧。

附註

註1 參見，陳仲偉，《台灣漫畫年鑑：對漫畫文化發展的另一種思考》，逢甲大學庶民文化研究中心與台灣動漫畫推廣協會主編，杜葳廣告，2008。頁40，陳光熙於1925年，獲得《KING》創刊誌上的徵稿獎金。

註2 參見，《漫．話三傑》，張玉佩編著，交通大學出版社，2017。頁148，葉宏甲與一同參加函授課程的學員陳家鵬、王花、洪晁明與林河世等人，組成台灣第一個漫畫集團「新高漫畫集團」。

註3 參見，李衣雲，《漫畫的文化研究：變形、象徵與符號化的系譜》，稻鄉，2012。頁185。

註4 陳仲偉，《台灣漫畫年鑑》，頁72。

註5 李衣雲，《漫畫的文化研究》，頁185-186，頁196。

註6 同上，頁200。

註7 同上，頁220。

註8 《漫．話三傑》，頁33-34。

註9 同上，頁34。

註10 李衣雲，《漫畫的文化研究》，頁222-223。

註11 陳仲偉，《台灣漫畫年鑑》，頁108-109；蕭湘文，《漫畫研究—傳播關店的檢視》，五南，2002，頁44；周文鵬，《讀圖漫記：漫畫文學的工具與臺灣軌跡》，交大，2018，頁222。

註12 周文鵬，《讀圖漫記》，頁222-223。

註13 東立出版社於1989年創刊的漫畫雜誌。因集結了當時日本知名漫畫的最新連載而大受歡迎。在盜版漫畫盛行的年代造成許多出版社也跟著創辦類似的盜版漫畫雜誌。

註14 陳仲偉，《台灣漫畫年鑑》，頁 142。

註15 陳仲偉，《台灣漫畫年鑑》，頁 124。

註16 日本遊戲公司任天堂於 1983 年推出卡匣式的電視遊樂器「FC遊戲機」，在台灣俗稱為「紅白機」，任天堂接著於 1985 年推出適用於該機型的遊戲《超級瑪利歐》，獲得相當大的迴響，成為全球家喻戶曉的遊戲名稱之一。

註17 所謂跨媒介的串聯經營模式，意指漫畫與動畫、電玩等產業的相互串聯合作，日本漫畫改編為動畫或電玩，或是動畫、電玩或影片等作品改編成漫畫等等，讓同樣內容作品的產值有機會增加。學者曾用 image alliance 或 media mix 等名稱來指涉這種日本動漫產業的串聯模式。而事實上這也就是目前大家常用的「IP經濟」的概念。Image alliance 一詞可參見 Saya S. Shiraishi, “Japan’s Soft Power: Doraemon Goes Overseas,” *Network Power: Japan and Asia*, Peter J. Katzenstein, Takashi Shiraishi ed., Cornell University Press, 1997。Media mix 一詞可參見 Marc Steinberg, *Anime's Media Mix: Franchising Toys and Characters in Japan*, Univ. of Minnesota Press, 2012.

作品索引

漫畫／小說／專書
（按作者筆畫）

∞0 無限零

《七月半》，愛尼曼，2017。

61Chi

《房間》，大辣，2014。

Art Spiegelman

《鼠族 Maus》，Pantheon Books，1980。

B.Leon

《拳下俘虜》，愛尼曼。

BARZ

《一九四五夏末》，全力，2011。

Nofi

《無常鬼》，愛尼曼，2017。

ROCKAT 搖滾貓

《無名歌》，蓋亞，2015。

Yanai

《實驗品家庭》，愛尼曼，2017。

九把刀

《功夫》，蓋亞，2004。

千川（作者）、Ooi choon liang（插圖）

《時光當鋪》，尖端，2015。

川口開治

《沈默的艦隊》，尖端，1993。

久米田康治

《絕望先生》，東立，2006。

小杏桃（編劇）、灰野郁（漫畫）
《戀愛教戰手冊》，尖端，2014。

久保帶人
《BLEACH》，集英社，2002。

三原みつき（原作）、CHuN（插畫）
《魔技科的劍士與召喚魔王》，台灣角川，2013。

丹・安德森、瑪姬・柏曼
《搞定男人：男同志給女人的性愛指導》，大辣，2004。

北条司
《城市獵人》，東立，1985。

左萱
《神之鄉》，蓋亞，2015。

艾力克・康弗
《性愛聖經 The Joy of Sex》，大辣，2004。

池谷伊佐夫
《神保町書蟲—愛書狂的東京古書街朝聖之旅》，三言社，2006。

米奇鰻
《毛球寶兒》，希伯崙，2006。
《最劣歐洲遊記：米奇鰻的貧窮旅行 西班牙、法國篇》，蓋亞，2013。
《台北不來悔》，蓋亞，2016。

朱德庸
《雙響炮》，2005。

尾巴
《我吃了那男孩一整年的早餐》，尖端，2016。

車田正美
《聖鬥士星矢》，青文，1985。

尾田榮一郎
《航海王》，東立，2003。

肝匠、馮昊（漫畫）、進行諸島（原作）

《失格紋的最強賢者》，2017。

青山剛昌

《名偵探柯南》，青文，1994。

林珉萱（小威老師）

《勇往直前♥灰姑娘》，尖端，2014。

林政德

《YOUNG GUNS》，尖端，1998。

韋宗成

《冥戰錄》，未來數位，2010。

《馬皇降臨》，未來數位，2009。

《AV 端指》，未來數位，2010。

高妍

《房間日記》

《1982：毫不重要的一年》

茱莉・馬侯

《藍色是最溫暖的顏色》，大辣，2014。

徐譽庭（原作）、薪鹽（漫畫）

《荼靡》，蓋亞，2016。

鳥山明

《七龍珠》，東立，1992。

莫仁

《噩盡島》，蓋亞，2009。

御我（原作）、亞砂（插畫）

《1/2 王子》，銘顯，2006。

御村了

《星耀學園》，愛尼曼，2016。

張季雅

《異人茶跡：淡水 1865》，蓋亞，2013。

《帶我去球場》，全力，2007。

啞鳴（作者）、迷子燒（插圖）
《有五個姊姊的我就註定要單身了啊》，尖端，2014。

游素蘭
《傾國怨伶》，麥田，1989。

彭傑
《STORY 童話書裡的童話》，台灣角川，2010。
《方舟奇航》，台灣角川，2010。
《時間支配者》，東立，2017。

彭傑（漫畫）、稻垣理一郎（原作）
《KIBA & KIBA》，2010。

彭傑（漫畫）、安童夕馬（原作）
《新宿 DxD》，講談社，2014。

彭傑、奈栩（漫畫）、わるいおとこ（原作）
《想說我的現實是戀愛遊戲？結果是賭命的遊戲》，2018。

楊・柯萊尼
《夏日車魂・環法賽百年傳奇》，大辣，2017。

葉明軒
《無上西天》，東立，2008。
《大仙術士 李白》，台灣角川，2013。

電影「屍體派對」製作委員會（原作）、肝匠（作畫）
《屍體派對・コープスパーティー》，Square Enix，2015。

鄭問
《刺客列傳》，大辣，2009。

瑪贊・莎塔碧
《我在伊朗長大》，三聯，2010。

蔡志忠
《莊子說》，喜樂亞，2014。
《老子說》，喜樂亞，2015。

潔美．高達、寇特．布倫加

《搞定女人：女同志給男人的性愛指導》，大辣，2003。

劉興欽

《阿三哥與大嬸婆》，聯經，2002。

蕭言中

《童話短路套書》，大辣，2011。

顆粒

《許個願吧！大喜》，尖端，2011。

動畫／影片／遊戲

（按作品筆畫）

《モノノ怪》，富士電視台，2007，DVD：弘恩文化，2008。

《刀劍亂舞》，Nitro+（原作）、CLARITY STUDIO（遊戲開發），2015。

《仙劍奇俠傳》系列，台灣大宇，1995。

《通靈少女》，陳和榆（編劇、執導），新加坡商梭聚傳播有限公司（IFA Media），2017。

《經過》，國立故宮博物院，2014。

《魔神英雄伝ワタル》，矢立肇、広井王子，sunrise，1988。

雜誌／合輯

（按雜誌名稱筆畫）

《Choc 恰女生》，尖端，2001。

《High 都市漫畫休閒誌月刊》，時報，1995。

《Ribon》，集英社，1955。

《ガロ》，青林堂，1964。

《小牛頓》，牛頓出版，1984。

《天使月刊》，大然。

《小咪漫畫周刊》，臺灣伊士曼小咪出版社，1979。

《未來少年》，遠見天下，2011。

《先鋒動畫》，大然，1989。

《星少女》，東立，1992。

《流行酷報 COOL》，尖端，1997。

《神奇地帶》，尖端，1990。

《星期漫畫週刊》，時報，1989。

《挑戰者月刊》，全力，2004。

《活躍 Tempo》，尖端，1993。

《週刊少年 JUMP》，集英社，1968。

《週刊新少年快報》，東立，1992。

《最愛》，大然。

《電玩通》，青文，2004。

《腦筋急轉彎》，時報，1989。
《夢夢 Mon Mon》，雜誌，尖端，2003。
《熱門少年 TOP》，雜誌，大然，1992。
《龍少年》，雜誌，東立，1992。
《寶島少年週刊》，雜誌，東立，1992。

台漫
NOOB
JPN
審查

國家圖書館出版品預行編目（CIP）資料

動漫社會學 : 台漫不死 / 王佩廸主編. -- 初版.
-- 臺北市 : 奇異果文創, 2018.04-
冊 ; 公分. --（緣社會 ; 5-）
ISBN 978-986-95387-6-3(平裝)
1. 次文化 2. 文化研究 3. 動漫

541.3　　106024547

緣社會 015

動漫社會學：台漫不死

作者：王佩廸　主編
封面插畫：青 Ching
美術設計：Benben

總編輯：廖之韻
創意總監：劉定綱
編輯助理：黃思華、劉婧妍、周愛華

法律顧問：林傳哲律師 / 昱昌律師事務所

出版：奇異果文創事業有限公司
地址：臺北市大安區羅斯福路三段 193 號 7 樓
電話：(02) 23684068
傳真：(02) 23685303
網址：https://www.facebook.com/kiwifruitstudio
電子信箱：yun2305@ms61.hinet.net

總經銷：紅螞蟻圖書有限公司
地址：臺北市內湖區舊宗路二段 121 巷 19 號
電話：(02) 27953656
傳真：(02) 27954100
網址：http://www.e-redant.com

印刷：永光彩色印刷股份有限公司
地址：新北市中和區建三路 9 號
電話：(02) 22237072

初版：2018 年 5 月 10 日
ISBN：978-986-95387-6-3
定價：新台幣 400 元